CW01646404

Thérèse

Thérèse

Aimer c'est tout donner

sous la direction de

Loïc Joncheray et Jean-Luc Moens

« Je veux passer mon Ciel à faire du bien sur la terre, jusqu'à la fin du monde. »

Éditions Emmanuel

Photo de couverture : © Office central de Lisieux
1re édition : © Éditions de l'Emmanuel, 1998
2e édition : © Éditions de l'Emmanuel, 2012

© Éditions Emmanuel, 2015
89, bd Auguste-Blanqui – 75013 Paris
www.editions-emmanuel.com

ISBN 978-2-35389-501-4

Préface

Le 9 avril 1888, Thérèse Martin entrait au Carmel pour sauver des âmes et prier pour les prêtres. Elle y devenait Thérèse de l'Enfant Jésus et de la Sainte Face. Neuf années plus tard, elle mourait d'une tuberculose pulmonaire. En 1925, en un temps record, Thérèse, universellement connue et aimée, était canonisée.

Comment expliquer l'ascension si spectaculaire de celle qui est sans aucun doute une des saintes les plus populaires du XXe siècle ? Comment expliquer la sympathie qu'elle suscite et qu'elle avait elle-même prédite : « Tout le monde m'aimera » ?

Je crois qu'on peut trouver à cela deux raisons principales.

Il y a d'abord la beauté de son message. Dieu lui a donné une vocation particulière pour notre temps. Il a fait d'elle l'apôtre de la Miséricorde, de la confiance et de l'abandon. Tout chez Thérèse est simplicité. Elle nous montre une Petite Voie bien droite et tellement évangélique. Car « c'est l'Évangile même, le cœur de l'Évangile qu'elle a retrouvé », comme le disait Pie XII.

Ensuite, il y a le fait que, même au ciel, Thérèse reste si proche de nous. Car Thérèse fait signe. Elle écoute nos prières. Quelqu'un demandait un jour au Père Voillaume si la vie consacrée et cloîtrée avait encore un sens aujourd'hui. Pour toute réponse, celui-ci dit qu'il avait visité une église en Égypte consacrée à Thérèse de Lisieux (la basilique de Choubrah) et qui ne désemplissait pas de musulmans. Étonné, il leur avait demandé pourquoi ils y venaient. « C'est parce que la petite sainte chrétienne, elle, elle écoute nos prières ! »

Voilà bien Thérèse !

Elle qui demandait un signe de la conversion de Pranzini, condamné à mort, elle qui voyait dans la neige de sa prise d'habit un clin d'œil du Bon Dieu, elle qui promit de passer son ciel à faire du bien sur la terre, elle n'a pas changé ! Tous ses amis le savent. Tous peuvent raconter comment ils l'ont découverte, que ce soit à travers la lecture de ses manuscrits ou par de petits signes dans la vie de tous les jours.

Oui, la vie de Thérèse ne s'est pas arrêtée le 30 septembre 1897. Elle est toujours vivante, d'une vie posthume, certes, mais non moins réelle. De là-haut, elle continue sa mission.

En la proclamant Docteur de l'Église, le 19 octobre 1997, l'Église nous propose de nous mettre à son école et de suivre son chemin celui de la petite voie: «*Père, je te bénis d'avoir caché cela aux sages et aux savants et de l'avoir révélé aux touts petits.*»

Jean-Luc Moens

Une médaille miraculeuse

Ceci se passait en 1944. J'avais une petite filleule qui avait été baptisée quelques jours après sa naissance.

Dans la semaine qui suivit le baptême, elle tomba malade et on pensa qu'elle avait pris froid sans doute à l'église.

On me prévint que son état était grave et je me rendis à son chevet. Avant de quitter mon domicile, je m'étais munie d'une médaille de sainte Thérèse pour qui nous avions une grande dévotion dans la famille

Quand j'arrivai dans la chambre du bébé, je vis sur le lit une enfant respirant très difficilement et recouverte de plaques bleues.

Je demandai à la religieuse qui priait près du berceau de bien vouloir épingler sur la petite la médaille que j'avais emmenée.

En rentrant chez moi, je m'arrêtai à l'église pour prier devant la statue de Thérèse.

Le lendemain matin, de très bonne heure, le téléphone sonna chez moi ; c'était le père de ma petite filleule qui me dit : « Vous avez fait un miracle ! Françoise est complètement guérie et boit tous ses biberons ! »

J'étais bouleversée, d'autant plus que ce n'était pas la première grande grâce que nous obtenait sainte Thérèse.

Odile

1

La plus grande sainte des temps modernes

par Guy Gaucher
Évêque auxiliaire de Bayeux et Lisieux

Qui a osé proférer un jugement aussi incisif, après le décès d'une jeune carmélite, morte de tuberculose à 24 ans, le 30 septembre 1897 ? Le Pape Pie X, au cours d'une audience accordée à un évêque missionnaire. C'est lui qui a signé l'introduction de la cause de sainte Thérèse de l'Enfant-Jésus et de la Sainte Face, peu de temps avant sa propre mort (1914), en déclarant : « Il est très important d'instruire au plus vite cette cause de béatification. » (Pie X, lui-même, a été béatifié depuis).

Ce qui fascine dans l'histoire de Thérèse Martin, c'est le contraste entre sa vie cachée (9 ans dans un carmel) et « l'ouragan de gloire» (Pie XI) qui a déferlé sur Lisieux en quelques années. Les faits sont là: l'instrument en fut un livre *L'Histoire d'une Âme*, ouvrage publié timidement à 2000 exemplaires en 1898. Ce livre a fait le tour de la terre, touchant des millions de lecteurs. Il a été traduit en soixante langues.

Bien évidemment, sœur Thérèse n'a jamais voulu écrire un «livre» destiné à la publication.

Une carmélite a bien d'autres choses à faire que de publier ses mémoires à 24 ans! Elle n'a fait qu'obéir à sa prieure, Mère Agnès de Jésus (sa sœur Pauline), qui lui a ordonné d'écrire ses souvenirs d'enfance à l'usage de la famille Martin.

Deux ans plus tard, en juin 1897, Thérèse, très malade, reçoit l'ordre de Mère Marie de Gonzague de compléter son récit concernant le noviciat, la charité fraternelle... Thérèse se remet au travail, mais elle est si fatiguée que, descendue à l'infirmerie le 8 juillet, le petit crayon qui avait succédé au porte-plume lui tombe des mains; ses derniers mots sont: «la confiance et l'amour».

Ce sont ces cahiers, d'apparence dérisoire, que Mère Agnès harmonisera, organisant des chapitres afin que *L'Histoire d'une Âme* ait une certaine cohérence. Contre toute attente, ce livre de 496 pages se vendra si rapidement qu'il faudra multiplier les éditions ; les traductions commenceront dès 1901.

Bientôt, des lecteurs viendront à Lisieux, prier sur la tombe de « la petite sainte » (vox populi). On parle de conversions, de grâces diverses et de guérisons miraculeuses. Canonisée en 1925, Thérèse sera la sainte universelle : plus de 1 700 églises lui sont dédiées, plus de 50 congrégations se réclament de son patronage, les biographies, études spirituelles et théologiques se multiplient sans épuiser sa simplicité.

Une ruse de l'Esprit Saint

La question revient sans cesse : quelles sont les raisons d'un tel « succès » après une vie cachée dans un carmel inconnu ? Dire que les sœurs Martin ont lancé leur jeune sœur à force de publicité, que la gentillesse de Thérèse a conquis le monde, etc., c'est ne rien connaître de l'histoire réelle. La raison la plus profonde se situe à un autre niveau. Après tant d'autres, je vois dans ce « succès » l'action de l'Esprit Saint qui a suscité une enfant pour vivre jusqu'au bout et témoigner de l'Amour Miséricordieux de la Trinité à un monde qui était en train de se bâtir en dehors de Lui.

« Thérèse est une ruse du Saint-Esprit » a écrit Emmanuel Mounier. Comme Bernadette de Lourdes… Sœur Thérèse a écrit à sa prieure : « Mon inexpérience, ma jeunesse ne vous ont point effrayée, peut-être vous êtes-vous souvenue que souvent le Seigneur se plaît à accorder la sagesse aux petits et qu'un jour, transporté de joie, Il a béni son Père d'avoir caché ses secrets aux prudents et de les avoir révélés aux plus petits » (Ms C, 4r°, citant Luc 10,21).

Pèlerin à Lisieux, le pape Jean-Paul II a posé la question de fond, et il y a répondu avec vigueur :

« De Thérèse de Lisieux, on peut dire avec conviction que l'Esprit de Dieu a permis à son cœur de révéler directement aux hommes de notre temps, le mystère fondamental, la réalité fondamentale de l'Évangile : le fait d'avoir reçu réellement "un esprit de fils adoptifs qui nous fait nous écrier : Abba ! Père !" La "petite voie" est la voie de la “sainte enfance”. Dans cette voie, il y a en même temps la confirmation et le renouvellement de la réalité fondamentale et la plus universelle. Quelle vérité du message évangélique est en effet plus fondamentale et plus universelle que celle-ci : Dieu est notre Père et nous sommes ses enfants. » (2 juin 1980)

UNE ASCENSION FULGURANTE

Jeudi 30 septembre 1897, un peu après sept heures du soir, Thérèse Martin, sœur Thérèse de l'Enfant-Jésus et de la Sainte Face, meurt au Carmel de Lisieux. Elle a 24 ans.

Le 30 septembre 1898, paraît L'Histoire d'une âme. Dès le mois de mai 1899, il faut faire une seconde édition. En 1901, le livre est déjà traduit en anglais ; en polonais en 1902 ; en italien et hollandais en 1904 ; en allemand, portugais, espagnol et même en russe en 1905. Les éditions se succèdent à un rythme accéléré.

En 1910, la cause de béatification est introduite : normalement, on attend 50 ans pour la commencer. Devant les faveurs, les miracles, les conversions, l'Église passe outre à tous ses principes.

Thérèse est béatifiée en 1923, canonisée en 1925. À cette date, plus de 30 millions de portraits ont été distribués dans le monde entier.

Le 14 décembre 1927, elle est proclamée patronne principale des missions, à l'égal de saint François-Xavier. En 1944, elle est proclamée patronne secondaire de la France.

Jamais, dans l'histoire de l'Église, sauf peut-être les cas de saint Bernard et de saint

François d'Assise, on a vu une réputation de sainteté aussi étendue et aussi rapide. Le cas ne s'est pas reproduit depuis, même pour des personnages aussi considérables que Jean XXIII. Que s'est-il donc passé, pour déclencher cet « ouragan de gloire », comme on a pu le nommer ?

Bernard Peyrous

L'Amour Miséricordieux

Cette « voie de la confiance et de l'amour », Thérèse la découvre vers 22 ans après une longue recherche solitaire. Cela l'entraîne, le 9 juin 1895, au cours de la messe de la Trinité, à s'offrir totalement à l'Amour Miséricordieux. Elle y entraînera ses sœurs et plus tard d'innombrables disciples, enfin libérés d'une conception d'un Dieu justicier (voire vengeur) d'un jansénisme encore vivace.

« À moi, écrit Thérèse, Il a donné sa Miséricorde infinie et c'est à travers elle que je contemple et adore les autres perfections divines ! Alors toutes m'apparaissent rayonnantes d'amour, la justice même (et peut-être encore plus que toute autre) me semble revêtue d'amour. » (Ms A, 83v°)

La révolution silencieuse de cette jeune carmélite a rouvert le chemin de la sainteté à la foule des petits, des pauvres, (ce que nous sommes tous). On redoutait la sainteté, réservée à une élite de « grandes âmes », à des champions de l'ascèse, œuvrant en des réalisations extraordinaires.

Dans son infirmerie, au moment « d'entrer dans la vie », elle pressent qu'elle est porteuse d'une mission : faire aimer Dieu comme elle L'a aimé : c'est-à-dire dans les petites choses de la vie, dans la réalité quotidienne de l'ordinaire, en y investissant tout l'amour reçu de Dieu Lui-même. Pas d'extases, pas de miracles mais un réalisme spirituel irriguant toute la vie. Cette confiance absolue dans l'Amour du Père, elle la vivra, marquée au fer rouge, dans la très dure épreuve de la foi et de l'espérance qui durera, pendant dix-huit mois, jusqu'à sa mort, tandis que la tuberculose la détruit.

Les saints ne vieillissent pas

Depuis 1898, bien des générations ont réagi devant le message thérésien, chacune selon sa sensibilité. Avec le recul de l'histoire et l'Édition du Centenaire, nous découvrons le vrai visage de Thérèse, non seulement par 47 photos authentiques mais par la richesse de ses lettres, ses poésies, ses récréations écrites pour la Communauté. « La petite sainte aux roses » qui ravissait certaines de nos grands-mères, nous la voyons plutôt comme une femme forte, pleine de bon sens normand, ne cherchant que la vérité, sachant manier l'humour. « Mystique, comique, tout lui va » écrira d'elle sa maîtresse de noviciat.

À chacun de nous, il convient de dire pourquoi il aime Thérèse, cette sœur si simple, si proche de nous. On constate à Lisieux et ailleurs, que les jeunes la découvrent avec enthousiasme. Elle a leur âge et s'ils dépassent l'obstacle d'un langage du XIXe siècle, ils la choisissent comme un guide sûr sur la voie de l'amour. On pourrait citer des centaines de témoignages.

Thérèse est actuelle à chaque époque car, comme l'a dit Jean-Paul II à Lisieux :

« Les saints ne vieillissent pratiquement jamais, ils ne tombent jamais dans la prescription. Ils restent continuellement témoins de la jeunesse de l'Évangile. »

Un ouragan de gloire

En 1911, le Carmel de Lisieux recevait cinquante lettres par jour, demandant des prières ou annonçant des faveurs. En 1914, il en recevait une moyenne de 500. On aurait pu croire que la fin de la guerre de 1914-1918 ralentirait le processus. En fait, le nombre des lettres reçues passa à 800/1 000 par jour environ, dans les années 1923 à 1925. Il ne fallut pas moins de 7 volumes totalisant 3 200 pages pour recenser les principales grâces obtenues par l'intercession de Thérèse. Thérèse avait dit qu'après sa mort, elle ferait pleuvoir sur la terre une pluie de roses. Elle a tout simplement tenu sa promesse. C'est l'efficacité de l'intercession de Thérèse qui a été la cause directe de sa canonisation : on la priait, elle répondait. Son efficience était telle que Pie X pouvait parler de la « plus grande sainte des temps modernes ».

La petite voie

L'Église prit rapidement conscience que Thérèse avait quelque chose à apporter au monde entier quand elle parlait de sa « petite voie ». On avait tendance à croire que la sainteté était quelque chose de très compliqué, réservé à des « âmes d'élite ». Elle a montré que la sainteté était au contraire quelque chose de très simple, accessible aux humbles, aux pauvres, aux hommes normaux, que la sainteté était bien pour tous. Cette sainteté est possible parce que Dieu est amour et aime personnellement chacun.

Missionnaire, simplement

On a dit que le Concile Vatican II devait beaucoup à Thérèse et, indirectement, c'est sans doute vrai. N'oublions pas que le Concile a solennellement proclamé que tous les chrétiens étaient appelés à la sainteté. Thérèse ouvre ainsi le siècle du laïcat responsable, d'une Église tout entière missionnaire, évangélisatrice. D'une certaine manière, elle est ainsi pour nous la patronne de la « seconde évangélisation de l'Europe ».

Bernard Peyrous

Une lumière au seuil de l'ère atomique

Avec le radicalisme de la jeunesse, Thérèse a eu Jésus pour « unique amour ». Elle a scruté les Évangiles pour le mieux connaître, elle l'a contemplé dans la prière silencieuse, prière contemplative toute simple, fondée sur la foi audacieuse de l'enfant qui se sait aimée, prière apostolique car Thérèse a le souci du monde entier. Elle sera déclarée patronne des Missions en 1927. Son amour de Marie (il faut lire le cantique « Pourquoi je t'aime, ô Marie »), son désir de l'eucharistie quotidienne à une époque où elle n'était pas vécue, son sens de la vie fraternelle, le don qu'elle a eu pour la formation des novices, sa terrible épreuve de la foi qui annonce le XXe siècle… Tels sont quelques-uns des aspects de sa spiritualité qui nous touchent et qui ont fait écrire au Père Congar qu'elle était « une lumière au seuil de l'ère atomique ». « Elle a voulu être le cœur de l'Église, c'est-à-dire l'Amour. » « Fille de l'Église », elle a inspiré une foule de disciples les plus divers : le Père Kolbe, le cardinal Suhard (qui a voulu que le séminaire de la Mission de France soit à Lisieux), le bienheureux Père Brottier, Marthe Robin, la bienheureuse Élisabeth de la Trinité, Madeleine Delbrêl, Mère Teresa, etc.

Un nouveau docteur de l'Église

Pourquoi « la plus grande sainte des temps modernes » ? Parce qu'elle a voulu être la plus petite.

« Ô Jésus ! Que ne puis-je dire à toutes les petites âmes combien ta condescendance est ineffable… Je sens que si par impossible tu trouvais une âme plus faible, plus petite que la mienne, tu te plairais à la combler de faveurs plus grandes encore, si elle s'abandonnait avec une entière confiance à ta miséricorde infinie. » (Ms B, 5v°)

Notre vœu le plus cher concernant sainte Thérèse de Lisieux, qu'on retrouve présente dans tous les courants spirituels actuels, est celui-ci : qu'elle soit bientôt, après sainte Catherine de Sienne et « la Madre » (sainte Thérèse de Jésus), déclarée « docteur de l'Église ».

« Ah ! Malgré ma petitesse, je voudrais éclairer les âmes comme les Prophètes, les Docteurs, j'ai la vocation d'être Apôtre… » (Ms B, 3r°)

Le Seigneur a répondu aux désirs de Thérèse. Celui-ci, comme les autres, sera un jour réalisé, n'en doutons pas[1].

1. Sainte Thérèse vient d'être proclamée Docteur de l'Église, le 19 octobre 1997.

Au cœur de l'Église je serai l'Amour

En 1968, je me marie avec Jean qui n'est pas croyant (quoique baptisé). Après plusieurs années de vie commune, notre entente n'est pas parfaite, et nos différences ne font que s'aggraver. L'indifférence de mon mari ne fait que nourrir mon amertume. Je me sens de plus en plus seule. En 1984, nous sommes au bord du divorce et je sombre dans une dépression nerveuse. Pour sauver notre couple, je décide d'aller à Lisieux. Comme prétexte, je prends ma guérison. Mon mari m'accompagne durant ce pèlerinage : pendant que je priais devant le Saint Sacrement, il visite la ville. Là, je demande à Thérèse la conversion de mon mari pour que nous puissions partager l'essentiel, c'est-à-dire l'amour de Dieu.

L'été suivant (août 1985), je participe à une session du Renouveau à Ars. Mon mari propose de m'accompagner pour que je ne conduise pas seule pendant le voyage. Il ne connaît pas bien cette région et veut « faire un peu de tourisme ». Les premiers jours, il fait de longues promenades solitaires dans la campagne. Néanmoins, il est séduit par l'ambiance chaleureuse du camp, la patience des pèlerins, leur sourire. Un soir, il assiste aux veillées de guérison. Durant la session, je suis libérée de la dépression. Jean est très impressionné.

Nos conversations deviennent de plus en plus profondes et nous pouvons nous réconcilier et vivre des pardons importants.

Le dernier jour, le dimanche, la pluie empêche sa promenade matinale : Jean m'accompagne à la crypte pour l'enseignement et l'eucharistie. Daniel Ange, le conférencier, parle merveilleusement du Saint Sacrement. « Jésus veut être vu et touché » disait-il.

Au moment de la communion, s'élève le chant composé sur les paroles de Thérèse de Lisieux : « Dans le cœur de l'Église, ma Mère, je serai l'Amour ». Me rappelant que Thérèse a obtenu la conversion d'un condamné à mort, je formule cette prière : « Thérèse, brise les barreaux de la prison de son cœur ». Quand le prêtre arrive devant notre banc pour donner la communion, Jean murmure : « Crois-tu que je puisse communier ? » Je lui réponds : « Jésus veut être vu et touché... » Quelle joie de le voir se lever pour recevoir le corps du Christ ! Le soir même, il reçoit le sacrement de réconciliation. Quelques mois plus tard, il demande l'effusion de l'Esprit dans un groupe de prière auquel nous participons tous les deux chaque semaine. Loué soit Dieu et merci à Sainte Thérèse !

Rita

2

Une vie tout ordinaire

par Guy Gaucher
Évêque auxiliaire de Bayeux et Lisieux

On a beaucoup de mal à se rendre compte que la vie de Thérèse Martin fut tout ordinaire. Parce qu'elle est devenue sainte Thérèse de l'Enfant-Jésus et de la Sainte Face, connue dans le monde entier, avec de très nombreux titres (patronne universelle des missions, patronne secondaire de la France, etc.), on oublie qu'elle est passée inaperçue de sa famille, de son entourage, de son Carmel, de son père spirituel... Si, à Lisieux, on a pu parler d'une jeune fille qui a eu l'audace de parler au pape Léon XIII lors d'une audience à Rome (un journal national l'avait signalé). Puis elle était entrée au Carmel à 15 ans et trois mois. Mais lorsqu'elle mourut, inconnue, dans un petit Carmel de province, il n'y avait guère que 30 personnes à son enterrement au cimetière de Lisieux. À sa canonisation à Saint-Pierre de Rome, il y en aura 500 000, le 17 mai 1925. Alors ?

Alors, oui, une vie très ordinaire et très cachée.

Alençon-Lisieux (1873-1888)

Une famille chrétienne, à Alençon, le père Louis Martin, horloger bijoutier, la mère dentellière. Ils ont eu huit enfants dont quatre sont morts en bas âge. Restent quatre filles et voilà qu'à 40 ans, la maman est enceinte : Thérèse naît le 2 janvier 1873. Petite fille gaie, vivante, après un an en nourrice (sa mère ne peut la nourrir), elle a une vie heureuse, comblée d'amour par ses parents et ses sœurs. La petite dernière reçoit de sa famille une foi profonde, vivante, charitable. Tout va bien, jusqu'au drame : Zélie Martin meurt d'un cancer du sein (août 1877). Thérèse a quatre ans et demi.

Le choc est très fort pour la petite Thérèse. Elle choisit sa sœur Pauline comme seconde mère mais la blessure est profonde et mettra dix ans à se cicatriser.

Ayant cinq filles à élever, Monsieur Martin cède aux insistances de son beau-frère Isidore Guérin, pharmacien à Lisieux. Toute la famille Martin s'installe aux Buissonnets. Thérèse y trouve une ambiance chaude mais les cinq années où elle va aller à l'école chez les Bénédictines resteront pour elle « les plus tristes de sa vie ». Bonne élève mais timide, scrupuleuse, vivant mal les heurts de la vie scolaire…

Le départ de Pauline au Carmel de Lisieux rouvre la blessure. À 10 ans, Thérèse tombe gravement malade : symptômes alarmants d'une régression infantile, hallucinations, anorexie. La médecine renonce. Les familles, le Carmel prient. Le 13 mai 1883, une statue de la Vierge Marie sourit à Thérèse qui est guérie subitement.

L'année suivante, 8 juin 1884, sa première communion est pour elle une « fusion » d'amour. Jésus se donne enfin à elle et elle se donne à Lui. Elle pense déjà à être carmélite. Le départ au Carmel de sa troisième mère, sa sœur Marie, la déstabilise. Elle souffre d'une grave crise de scrupules obsédants, elle demeure hypersensible et « pleureuse à l'excès ». Elle aspire à mûrir et à être libérée.

La nuit de Noël 1886, la grâce touche son cœur. C'est une véritable « conversion », qui la transforme en femme forte. L'Enfant de la crèche, le Verbe de Dieu, lui a communiqué sa force dans l'Eucharistie.

La voici prête à combattre pour le Carmel, à franchir tous les obstacles : son père, son oncle, l'aumônier du monastère, l'évêque, le pape Léon XIII. Car la grâce lui a ouvert le cœur et elle veut sauver les pécheurs avec Jésus qui, sur la Croix, a soif des âmes. Thérèse, à quatorze ans et demi, décide de rester au pied de cette Croix pour « recueillir le sang divin et le donner aux âmes ». Telle est, sa vocation : « aimer Jésus et Le faire aimer. »

Entendant parler d'un assassin qui a tué trois femmes à Paris, elle prie et se sacrifie pour lui, voulant à tout prix l'arracher à l'enfer. Henri Pranzini est jugé, condamné à être guillotiné. Mais au moment de mourir, il embrasse le crucifix ! Thérèse pleure de joie : exaucée, elle le nomme son « premier enfant ».

Lors d'un pèlerinage en Italie, elle demande au Pape d'entrer au Carmel à 15 ans. Réponse évasive, « fiasco », mais le

9 avril 1888, elle quitte à jamais son bon père, ses sœurs, les Buissonnets, son chien Tom…

La confiance qui obtient tout

Voici trois extraits de lettres inédites envoyées par Mère Agnès de Jésus, (Pauline, la sœur de Thérèse), aux religieuses d'un Carmel.

Je pense avec vous, Ma Mère, que « rien n'est impossible à Dieu » et que la confiance obtient tout. La mesure de notre confiance est celle du don de Dieu, mais déjà cette confiance qui obtient des miracles est un grand don de Dieu. Notre Thérèse avait ce don. C'est bien la présence sacramentelle de Notre-Seigneur qu'elle demande dans son acte d'offrande. Je suis persuadée qu'elle l'a obtenue. C'est le modèle des petites âmes. Que les petites victimes d'amour inspirées de demander le don de confiance qui obtient un pareil miracle, le demandent par l'intercession de leur petite reine. Je vous assure qu'elles l'obtiendront. (29 janvier 1911)

Dans certaines terribles souffrances que Thérèse endura, elle nous priait de demander pour elle un peu de soulagement mais elle ajoutait : « Mon Dieu, si vous ne le faites pas, je vous aimerais encore plus. » C'était pour Le laisser plus libre et lui prouver toute sa confiance. (17 juin 1924)

Dans un exorcisme, le démon a été obligé d'avouer qu'après la Reine du Ciel, celle qui le faisait le plus souffrir était sainte Thérèse de l'Enfant Jésus. (25 avril 1908)

Au Carmel, un chemin de solitude (1888-1897)

Heureuse d'être là « pour toujours », « prisonnière » avec Lui… et avec 24 sœurs. La vie communautaire, le froid, la prière souvent dans la sécheresse, la solitude affective (même si elle retrouve deux de ses sœurs), elle supporte tout avec ardeur. Sa plus grande souffrance va être la maladie de son père bien-aimé, interné au Bon Sauveur de Caen, hôpital pour malades mentaux. Nouveau drame familial pour Thérèse. Elle s'enfonce dans la prière avec « le Serviteur souffrant » d'Isaïe 53, sur le chemin de la passion de Jésus. Mais le climat spirituel de son Carmel, marqué d'une crainte diffuse de

Dieu, vu d'abord comme justicier, lui pèse. Elle aspire à l'Amour, quand elle lit la *Vive Flamme d'Amour* de saint Jean de la Croix. En 1891 (elle a 18 ans), un prêtre la lance « sur les flots de la confiance et de l'amour » sur lesquels elle n'osait avancer, étant plutôt retenue sur ce chemin audacieux, même par sa sœur Pauline, Mère Agnès de Jésus, devenue prieure en 1893.

Son père, revenu dans sa famille, meurt en 1894 : Céline qui le soignait entre à son tour au Carmel.

C'est vers cette époque que la jeune sœur Thérèse de l'Enfant-Jésus et de la Sainte Face (tel est son vrai nom, résumé de sa vocation), découvre, après des années de recherche, la voie de l'enfance spirituelle qui va transformer sa vie. Elle reçoit la grâce d'approfondir la Paternité de Dieu qui n'est qu'Amour Miséricordieux (exprimé en son Fils Jésus incarné). La vie chrétienne n'est autre que la vie d'enfant du Père « fils dans le Fils », inaugurée au baptême et vécue dans une confiance absolue. « Si vous ne redevenez pas comme des petits enfants, vous n'entrerez pas dans le Royaume de Dieu », dit Jésus (Mt 18,3).

Alors qu'à son époque les âmes d'élite (rares) s'offraient en victimes à la Justice de Dieu, la « faible et imparfaite » Thérèse s'offre à son Amour Miséricordieux, le 9 juin 1895 au cours de la messe de la Trinité. Ce don total le « renouvelle », brûle tout péché en elle. De plus en plus hantée par le souci des pécheurs qui ne connaissent pas cet Amour Miséricordieux, elle entre à Pâques 1896 dans une nuit épaisse où sa foi et son espérance doivent combattre. D'autant plus qu'une tuberculose ronge sa santé et l'affaiblit. Elle use ses dernières forces à enseigner la voie d'enfance aux cinq novices dont elle a la charge et à deux frères spirituels, prêtres missionnaires pour l'Afrique et la Chine.

Vivant cette « com-passion », en union avec la Passion de Jésus à Gethsémani et à la Croix, vidée par des hémoptysies, elle garde son sourire et son exquise charité qui remonte le moral de ses sœurs, consternées de la voir mourir dans d'atroces souffrances. Par obéissance, elle continue jusqu'à épuisement la rédaction de ses souvenirs dans lesquels, avec une transparente vérité, elle « chante les miséricordes du Seigneur » dans sa courte vie. Priant pour « faire du bien sur la terre, après sa mort, jusqu'à la fin du monde », prophétisant humblement que sa mission posthume sera de « donner sa petite voie aux âmes », elle meurt le 30 septembre 1897.

Elle avait écrit qu'elle désirait être « prêtre, diacre, prophète, docteur (de l'Église), missionnaire, martyr », en un mot, tout. Elle avait découvert que sa vocation était d'être « l'Amour au cœur de l'Église », sa Mère.

Un an après sa mort, paraissait un livre composé à partir de ses écrits : *L'Histoire d'une Âme* qui allait conquérir le monde et faire connaître cette jeune sœur qui avait aimé Jésus jusqu'à « mourir d'amour ». Cette vie cachée allait rayonner sur l'univers. Cela dure depuis maintenant cent ans...

Elle m'attendait à la gare

Une dame de Baugé (Maine & Loire), Mme Renou, vint hier en pèlerinage sur la tombe de Sœur Thérèse, elle ignorait que ce fut l'exhumation. Son train arrive à cinq heures, juste au moment où on venait d'exposer le corps au cimetière. Cette dame a de très grandes peines de famille et, tout le long du voyage, elle avait supplié Sœur Thérèse de ne pas permettre qu'elle soit venue l'implorer en vain. À la descente du train, elle s'égara (il y a double gare et elle s'était engagée dans celle qu'il ne fallait pas). Tout à coup, elle aperçoit une jeune religieuse carmélite qui marchait assez vite et semblait avoir l'habitude de voyager. Cette carmélite la coudoya en passant et la dame la suivit, se disant : « Elle va me remettre dans la bonne voie. » En effet, elle arriva à la gare voulue et la religieuse disparut.

En montant dans l'omnibus qui devait la conduire à l'hôtel, elle demanda au conducteur s'il n'allait pas prendre aussi la carmélite qui lui avait montré le chemin. Celui-ci lui dit tout étonné qu'elle n'avait pu voir de carmélite puisqu'elles ne sortaient jamais. Alors cette dame regarda l'image de Sœur Thérèse qu'elle portait et lui trouva une ressemblance parfaite avec l'apparition qu'elle venait d'avoir et qu'elle comprit aux grâces intérieures dont elle se vit inondée.

Pour plus de sûreté, elle vint ce matin au parloir, demanda Notre Mère et lui dit : « Vous avez dû recevoir une carmélite hier ? » Et sur sa réponse négative, elle lui raconta ce que je viens d'écrire. Monseigneur de Teil qui est ici durant le procès informatif, a entendu son récit; il juge cette dame très bien et digne de foi.

Sœur Marie de la Trinité
(6 septembre 1910)

Les intentions de là-haut !

Le mardi 30 juin 1970, je roulais vers Agen avec un prêtre et trois membres de ma famille parmi lesquels Joseph, mon filleul, âgé de 10 ans. À Collayrac, il fallut s'arrêter derrière d'autres voitures. Et c'est là, en pleine ligne droite, en plein soleil, que nous fûmes violemment heurtés à l'arrière par une 404, traînant un bateau. Gravement blessé dans l'accident Joseph tomba dans le coma. À la clinique Saint-Hilaire d'Agen où il fut rapidement transporté, on constata une fracture du rocher. Le liquide céphalo-rachidien s'écoulait par l'oreille.

Deux heures plus tard, j'arrivai à la clinique. « Comment va l'accidenté de Collayrac ? », demandai-je à la première infirmière rencontrée. « Très, très mal, Monsieur l'abbé », me dit-elle. Et un peu plus loin, un médecin me donna la même réponse : « Oui, il va très, très mal ! »

Joseph était allongé sur un lit dans le coma depuis deux heures, entouré de deux de mes sœurs et de leur famille. En arrivant, je me sentis poussé à lui dire « Joseph ». Et Joseph ouvrit les yeux en me disant : « Parrain ! » Presque d'instinct, je lui glissai en main une relique de Thérèse que sœur Agnès de Jésus m'avait offerte à mon ordination en 1947. Et je l'invitai à répéter après moi : « Sainte Thérèse, guérissez-moi ! » Ce qu'il fit en tombant à nouveau dans le coma. Vers 22 heures, nous quittions la clinique ; ma sœur Anaïse, sa mère, resta toute la nuit avec lui. Au cours de celle-ci, il lui sembla l'entendre redire une fois « Sainte Thérèse, guérissez-moi ! »

Le lendemain matin à 8 heures, infirmière et docteur constatèrent qu'il était encore vivant. On s'empressa alors de le soigner. Peu à peu, il sortit du coma, tout en restant très agité. Puis il se calma et bientôt revint à la maison. Il me rendit lui-même la relique le dimanche suivant. Dans les couloirs, je rencontrai les deux docteurs de la clinique. « Vous avez de la chance, monsieur l'abbé. » Je me demandais encore pourquoi ils me disaient cela, quand ils ajoutèrent : « Nous, nous ne connaissions pas les intentions de là-haut ! » Oui, c'est vrai. Thérèse était donc passée par là. Et Joseph retrouva une santé complète sans aucune séquelle.

Abbé Joseph O.

3

Passer mon ciel à faire du bien sur la terre

par Pierre Descouvemont

À la fin de sa vie, Thérèse a prévu qu'elle allait continuer à exercer une action sur terre après sa mort. Quand, à l'infirmerie, on venait lui faire lecture d'un livre parlant du bonheur du ciel, de la joie de se reposer près de Dieu et en Lui, elle manifestait aussitôt son manque d'intérêt pour ce genre de considérations…

Pas de retraite anticipée

À 24 ans, elle n'avait nullement envie de partir en retraite anticipée ! Elle espérait bien, elle désirait de toutes ses forces « *passer son ciel à faire du bien sur la terre* » (CJ 17.7). Et elle insistait beaucoup sur les trois derniers mots de la phrase. Ce n'est pas «*du haut du ciel*» que je veillerai sur vous, ne cessait-elle de répéter à ses sœurs; «*je descendrai*» (CJ 13.7.3), je ne vous quitterai pas d'une semelle. Dès le 30 juillet 1896, elle avait écrit au Père Roulland qui s'apprêtait à partir en Extrême-Orient: «*Si je vais bientôt dans le ciel, je demanderai à Jésus la permission d'aller vous visiter au Su-Tchuen et nous continuerons ensemble notre apostolat*» (LT 193).

Comme le dit joliment Jean Guitton, le jour de son enterrement, ce n'est pas le «Requiem aeternam» qu'on aurait dû chanter, mais «Actionem aeternam»! (Conf. à Notre-Dame de Paris). Exauce, Seigneur, le désir profond de cette carmélite qui vient de mourir: son désir d'agir éternellement.

Ce qui est sûr, c'est que le Seigneur a exaucé son désir, comme elle l'avait prévu avec une tranquille assurance: «*Il faudra que le bon Dieu fasse toutes mes volontés au Ciel, parce que je n'ai jamais fait ma volonté sur terre!*» (CJ 13.7.2).

Avant de rappeler quelques manifestations de cette vie posthume de Thérèse, nous voudrions en dégager brièvement la signification théologique.

Jésus, seul Sauveur

Comment comprendre cette activité exercée par les saints après leur mort ? À la lumière de tout ce que nous dit l'Écriture sur la volonté de Dieu d'associer le Corps du Christ tout entier à son œuvre de salut.

Certes, nous n'avons qu'un seul Sauveur. Il n'y a que le Christ qui soit capable de pétrir de ses mains très douces et très puissantes à la fois l'argile que nous sommes pour en faire des vases rayonnants de sainteté. Seul, Il est capable de transformer nos cœurs de l'intérieur en y établissant sa demeure et en y répandant l'Esprit dont il est lui-même tout imprégné. Lui, le Messie, que le Père ne cesse de « consacrer d'une onction d'allégresse » (Ps 45,8).

Mais dans cette œuvre merveilleuse de divinisation, le Christ ne travaille jamais seul. Il est accompagné de la multitude des saints et des saintes du paradis, de la troupe innombrable des anges. Chacun de nos cœurs est un véritable auditorium dans lequel se chante à longueur de jours et de nuits toute la symphonie du monde. S'y trouvent par conséquent tous ceux qui nous ont précédés, marqués du signe de la foi et animés du désir de nous aider à marcher nous aussi « à la face de Dieu, dans la lumière des vivants » (Ps 56,14). Le jour de sa première communion, Thérèse pleure de joie à la pensée qu'en recevant Jésus, elle reçoit dans son âme la visite de sa maman (Ms A, 35v°). Dans ses communions au Carmel, elle s'unit au concert que chantent dans son cœur les anges et les saints (Ms A, 80r°).

Quelques jours avant de mourir, sœur Élisabeth de la Trinité confiait à Mère Germaine, prieure du Carmel de Dijon, l'espérance qui l'habitait : « *Votre petite hostie passera son Ciel au fond de votre âme : elle vous gardera en société avec l'Amour. [...] Oh, dans quelle intimité nous allons vivre. [...] Je viendrai vivre en vous, cette fois je serai votre petite Mère : je vous instruirai, afin que ma vision vous profite, que vous y participiez et que, vous aussi, vous viviez de la vie des bienheureux !* »[2]

2. *J'ai trouvé Dieu*, T.1/A, Paris, éd. du Cerf, 1980, p. 197-198.

Mon ciel à faire du bien sur la terre

Une adoption providentielle

Nous nous sommes mariés assez tard, à l'âge de 27 ans. Nous espérions avoir rapidement des enfants et nous avions prié sainte Thérèse à cette intention. Il faut dire que je m'appelle Thérèse ! Malheureusement au bout de cinq ans, malgré de nombreuses consultations médicales, nous n'avions toujours pas d'enfant. Nous avons alors décidé d'en adopter. Nous avons rempli toutes les formalités auprès d'une œuvre d'adoption. Mais le délai d'attente était de deux ans. Cependant, mon mari téléphonait régulièrement à l'œuvre pour essayer d'obtenir un bébé plus rapidement. En septembre, la directrice lui a dit : « Ne téléphonez plus avant le mois de mars vous n'avez aucune chance avant. » Mon mari me dit cependant : « Téléphone encore toi-même. » Le 3 octobre (fête de sainte Thérèse à cette époque), je téléphonai à l'œuvre d'adoption. On me répondit que, justement, la directrice désirait me contacter. À son retour à midi, je demandai à mon mari de retéléphoner. Le soir, nous avions rendez-vous pour participer ensemble à l'eucharistie. Mon mari est arrivé en retard avec cette nouvelle : « Nous avons une petite fille ! » Claire était née le 2 octobre. Thérèse nous exauçait le jour de sa fête ! Le nom de Claire avait été choisi par la directrice de l'œuvre. Elle voulait mettre cette enfant sous la protection de saint François. Nous l'avons appris en allant chercher Claire le 4 octobre, en la fête de saint François. Nous avons signalé cette nouvelle coïncidence à la directrice. Elle aussi avait ainsi son signe.

Thérèse L.

Je sais que je dois venir

Entre l'âge de 12 et 21 ans, j'étais tourmentée par un problème de conscience qui me faisait beaucoup souffrir. Un jour je me suis dit : « Il faudrait que je mette cela au clair avec un prêtre. » Mais le seul prêtre avec qui je me voyais le courage de le faire se trouvait à 600 kilomètres. Je me suis donc tournée avec une grande confiance vers sainte Thérèse de l'Enfant-Jésus, lui demandant de prendre cette affaire en main. Quelques jours plus tard ce prêtre vient me trouver : « Je sais que je dois venir te trouver, mais je ne sais pas pour quelle raison. » J'ai donc pu m'expliquer en toute liberté et confiance. Depuis je suis une joyeuse enfant du Bon Dieu et même missionnaire depuis 28 ans.

Sœur Marie-Adelphine

Plus de clôture, plus de grille

C'est une espérance semblable qui, neuf ans plus tôt, animait le cœur de Thérèse. Le 24 février 1897, elle écrivait à l'abbé Bellière : « *Si Jésus réalise mes pressentiments, je vous promets de rester votre petite sœur là-haut. Notre union, loin d'être brisée, deviendra plus intime ; alors il n'y aura plus de clôture, plus de grilles, et mon âme pourra voler avec vous dans les lointaines missions.* » (LT 220). Autrement dit, au fur et à mesure que sa mort approche, Thérèse ne peut s'empêcher de penser que va commencer pour elle la période des grands voyages. Le 2 septembre, sœur Geneviève lui dit : « Quand on pense qu'on vous attend encore à Saïgon. » Et Thérèse de répondre : « *J'irai, j'irai prochainement : si vous saviez comme j'aurai vite fait mon tour.* » (CJ 2.9.5)

Je ne resterai pas inactive au ciel

La pensée que des anges s'occupent de nous, tout en étant constamment tournés vers Dieu, était l'une des raisons invoquées par Thérèse pour justifier son espérance. Dès l'âge de 14 ans, elle avait lu cette idée dans la Conférence d'Arminjon consacrée à la béatitude éternelle : « *Les anges ne sont pas distraits de la présence de Dieu lorsqu'ils nous assistent de leurs soins durant notre pèlerinage ou qu'ils nous éclairent de leurs inspirations* » (*Fin du monde présent et mystères de la vie future*, Paris, 2e éd., 1882, p. 209).

C'est cette coexistence chez les anges de la contemplation et de l'accomplissement de leur mission sur terre que Thérèse invoque dans sa dernière lettre au Père Roulland, le 14 juillet 1897 : « *Je compte bien ne pas rester inactive au Ciel. Mon désir est de travailler encore pour l'Église et les âmes : je le demande au bon Dieu et je suis certaine qu'Il m'exaucera. Les Anges ne sont-ils pas continuellement occupés de nous sans jamais cesser de voir la Face divine, de se perdre dans l'Océan sans rivages de l'Amour ? Pourquoi Jésus ne me permettrait-il pas de les imiter ?* » (LT 254).

Le génie spirituel de Thérèse

Nous savons maintenant combien les désirs de Thérèse ont été exaucés au-delà de son espérance. Depuis près d'un siècle, elle a exercé son influence sur les personnes les plus diverses.

Le Père Lagrange, fondateur de l'École biblique de Jérusalem, reconnaissait en 1927 : « Je dois à sainte Thérèse de n'être pas *devenu un vieux "rat" de bibliothèque. Je lui dois tout, car sans elle j'aurais dû me racornir, me dessécher l'esprit.* »

Jeanne Bergson, fille du grand philosophe, a confié au Père Pichard, réalisateur des premières messes télévisées, que la mystique préférée de son père n'était pas Thérèse d'Avila – comme on pourrait le croire en lisant *Les deux sources* – mais sainte Thérèse de l'Enfant-Jésus.

Beaucoup de chrétiens reconnaissent qu'après avoir été agacés un moment par le style de Thérèse, ils ont été conquis par son admirable simplicité et par son génie spirituel. Ainsi Thomas Merton, le célèbre trappiste américain, écrivait en 1951 : « La grande grâce que je reçus il y a dix ans fut de découvrir que Thérèse de Lisieux est une sainte authentique, et non une pieuse petite poupée muette pour vieilles femmes sentimentales. Ce n'est pas seulement une sainte, mais une sainte extraordinaire. Je lui dois toutes sortes d'excuses et de réparations publiques pour l'avoir ignorée si longtemps. »

Même revirement chez Dom Chautard, abbé de Sept-Fonds, l'auteur du célèbre ouvrage *L'âme de tout apostolat*.

Et que dire de tous les miracles obtenus par son intercession, de toutes les conversions s'accomplissant dans la basilique de Lisieux, de toutes les vocations s'éveillant à la lecture de ses manuscrits, sans compter les tours pleins de malice qu'elle continue de réaliser de nos jours, lorsqu'elle se présente à un employé de banque en Argentine pour débrouiller une affaire administrative.

Sauvée de la mort

Je suis l'aînée d'une famille nombreuse. Ma famille totalement incroyante était très anticléricale. Mon enfance et mon adolescence ont été terribles. La misère était reine. En 1945 j'ai fait un mariage d'amour qui dure toujours. Nous avons connu, nous aussi, la misère mais, à l'inverse de mes parents, nous nous aimions. Et malgré notre grande pauvreté, nous voulions un enfant, qui ne venait pas. Cinq ans après, enfin, j'attends ce bébé tant souhaité. Malheureusement, au sixième mois de ma grossesse, je tombe malade. La naissance se passe, mais je suis de plus en plus mal. Une infirmière catholique très pratiquante ne me cache pas ma mort imminente. Mais elle m'explique qu'un couple aussi uni, aussi attaché l'un à l'autre, c'était le reflet de l'amour de Dieu. Elle me demande de m'adresser à Dieu pour obtenir ma guérison. Je ne connais pas Dieu, je ne sais comment faire. Une tante m'avait offert pour mon mariage une petite toile où l'on voyait sainte Thérèse de l'Enfant-Jésus. Et cette toile, je l'avais suspendue dans notre chambre. Un jour, étais-je comateuse ? Étais-je somnolente ? Étais-je endormie ? Je l'ignore, mais je regardais sainte Thérèse et je lui dis : « Écoute, si tu es vraiment dans le Ciel où vit Jésus, si c'est vrai que tu passes ton temps à jeter des roses sous les pas, alors je t'en supplie, donne-moi quelques années de sursis pour élever ma fille. Et je te promets de m'instruire dans cette religion. » Tout à coup, je vois le cadre vide et, au pied de mon lit, une jeune religieuse. Elle ne ressemblait pas à l'image du tableau, enfin, pas tout à fait. Elle me dit : « Oui, je m'occupe de toi, écoute bien ceci : je te dis que le cœur miséricordieux de Dieu t'écoute. Mais il faudra que tu tiennes ta promesse et instruises ton cœur, avant même ta raison. » Puis le tableau redevint normal et la religieuse n'était plus là. C'est bien des années plus tard que j'ai vu la vraie photographie de sainte Thérèse et qu'à ma grande stupeur, j'ai reconnu la petite religieuse. J'ai donc décidé de m'instruire de la religion catholique. Après la joie immense d'avoir rencontré Jésus, il ne me restait plus qu'un seul désir, voir mon cher mari se convertir lui aussi. J'ai à nouveau sollicité ma petite Thérèse du Ciel. Quelques jours après, mon mari, facteur aux PTT, trouve au fond de son sac de facteur des petites enveloppes roses. Elles contenaient des pétales de roses ayant touché le tombeau de sainte Thérèse. Nous cherchons à comprendre car personne n'a déposé quelque chose dans le sac de mon mari... Quelques jours plus tard, il se décide à voir un prêtre. Neuf mois plus tard mon mari reçoit la sainte communion. Désormais nous partageons le plus beau, cette foi qui a transformé nos vies !

La pluie de roses

Il nous reste à dire pourquoi l'on parle de « pluies de roses » à propos de tous ces prodiges. En juin 1897, on terminait au réfectoire du Carmel la lecture d'un livre sur saint Louis de Gonzague. Le 9 juin, on y avait lu l'histoire arrivée à un chanoine allemand qui avait une grande dévotion envers ce saint.

Alors qu'il était gravement malade, il voit saint Louis lui apparaître et faire tomber sur son lit une pluie de roses en gage de la guérison qui allait lui être accordée. Après le repas, Thérèse commente à Marie, sa marraine, la lecture qu'elle vient d'entendre et lui dit très sérieusement : « *Moi aussi, après ma mort, je ferai pleuvoir des roses* » (CJ 9.6.3).

Thérèse exprimait dans cette formule lapidaire – appelée à devenir célèbre – l'intuition qu'elle exprimera autrement un mois plus tard, en la nuit du 16 au 17 juillet 1897, après un nouveau crachement de sang : « *Je sens que je vais entrer dans le repos... Mais je sens surtout que ma mission va commencer, ma mission de faire aimer le bon Dieu comme je l'aime, de donner ma petite voie aux âmes. Si le bon Dieu exauce mes désirs, mon Ciel se passera sur la terre jusqu'à la fin du monde. Oui, je veux passer mon ciel à faire du bien sur la terre. Ce n'est pas impossible, puisqu'au sein même de la vision béatifique, les Anges veillent sur nous.* » (CJ 17.7)

En prison, en Indochine

Cela se passe en 1945, au Vietnam (alors Indochine). J'avais 16 ans et étais élève au Petit Séminaire de Cu CLao Gieng (Vicariat apostolique de Pnom Penh). J'étais le seul élève français sur un effectif de plus de 100 élèves « annamites ». Durant l'occupation japonaise, le séminaire fut plusieurs fois visité et perquisitionné, sans résultat, par les Japonais. Puis, il y eut les bombes atomiques et la reddition japonaise, suivie de la prise de pouvoir par le Viet Minh. Vers le 25 août, nous avons été emmenés (les Pères français et moi-même) en « résidence surveillée » à Long Xuyen. Le 24 septembre (fête de Notre-Dame de la Merci pour la délivrance des prisonniers...) nous avons été bel et bien emprisonnés et conduits à Châu Doc, où nous avons été enfermés dans une salle de la caserne. Nous n'avions pas beaucoup d'espoir de nous en sortir vivants (cela, je l'ai compris par la suite...). Le 2 octobre, alors veille de la fête de sainte Thérèse de l'Enfant-Jésus, le supérieur du Séminaire, le Père Gustave Raballand, devenu par la suite évêque de Pnom Penh, nous dit : « C'est la fête de sainte Thérèse ; nous allons la prier spécialement. Si, entre aujourd'hui midi et demain minuit, nous sortons d'ici, nous lui attribuerons notre délivrance. » Le soir même, le chef de la caserne qui jusqu'alors ne nous avait jamais adressé la parole, vint nous dire : « En accord avec les autorités américaines et britanniques, demain matin un camion viendra vous chercher pour vous conduire en lieu sûr. » Notre joie fut très grande. Après coup, nous avons su que des gens, en particulier une religieuse, étaient intervenus pour faire connaître notre situation, mais, sur le moment, nous n'en savions absolument rien. On pourra parler de « coïncidences ». Quant à nous, et moi en particulier, nous avons toujours cru à une intervention de sainte Thérèse. Et, pour ma part, je pense que ce n'est pas par une simple coïncidence si mon premier contact avec le Renouveau charismatique a été la retraite pour les prêtres... à Lisieux en 1981.

Claude Cesbron, prêtre

Thérèse, au secours !

Au printemps 1940, mobilisé, je traversais un jour, en barque, avec un lieutenant et un autre soldat, une rivière particulièrement forte et torrentueuse. Nous fûmes très vite emportés par le courant : la barque alla buter contre l'une des rives escarpées et se renversa. Mes deux compagnons – je le sus après coup – avaient réussi à s'agripper, l'un à la grille d'un canal, l'autre à la pile d'un petit pont. Je fus, quant à moi, entraîné par le courant sous le dénivellement d'une prise d'eau, dont le trop plein se déversait à grosses trombes dans le lit de la rivière. Je ne savais pas nager. Je me débattais et faisais des mouvements de brasse : ma tête émergea un moment des eaux et je pus respirer... Puis, à nouveau, je me sentis plongé, roulé, dans les eaux tumultueuses. Je portais sur moi une relique de sainte Thérèse de Lisieux. Me sentant quasi perdu et songeant en un instant rapide à la peine qu'en auraient mes parents, je poussai du fond du cœur l'appel suppliant : « Sainte Thérèse, sauvez-moi ! » Toujours roulé par le torrent, mais continuant à agiter mes bras, comme pour nager, je me sentis de nouveau la tête hors de l'eau, et je vis à quelque deux, trois mètres une toute petite branche qui flottait sur la surface des eaux venant d'un chêne planté sur la rive. En esquissant des brasses de plus en plus fortes, j'arrivai à toucher puis à prendre dans ma main droite la petite branche : elle réussit à me retenir et à me faire dévier par le courant vers la rive. Là je m'accrochai fortement à un tronc d'arbre et réussis à monter sur le bord de la rive : c'était le bord opposé à celui d'où je venais. Personne là, personne en face ! J'allai le long de la rivière, jusqu'à un pont qui se trouvait 200 mètres plus bas. Des soldats de ma compagnie, armés de grandes barres, scrutaient les eaux, prêts à me voir passer et à essayer de me repêcher. J'eus toutes les peines du monde à leur faire comprendre que c'était bien moi... le noyé... Remontant de l'autre côté, j'aperçus mes deux compagnons, sauvés et sortis eux aussi de la fameuse aventure... Je n'ai jamais hésité à dire que je devais mon salut à sainte Thérèse de Lisieux, d'autant plus que j'avais été entraîné dans les eaux avec mes gros vêtements de soldat et après le repas de midi. Et cela avait été sans conséquence !

Abbé J.L. Bonhomme, Fondateur de l'institut Séculier des Servantes du Sacerdoce

4

Seul compte l'amour !

par Jean-Luc Moens

Thérèse essaie dans sa vie de tous les jours d'être pleinement docile à l'Esprit Saint et d'exercer les charismes et les dons de Dieu, toujours tournée vers les autres. Sa façon de vivre sa foi est hautement instructive pour nous car elle peut nous aider à augmenter notre propre docilité à l'Esprit de Dieu.

S'abandonner à la volonté du Seigneur

Ce qui frappe avant tout dans la vie de Thérèse, c'est le désir constant qu'elle a de faire la volonté du Seigneur. « *C'est l'abandon seul qui me guide, je n'ai point d'autre boussole !... Je ne puis rien demander avec ardeur, excepté l'accomplissement parfait de la volonté du Bon Dieu...* » (Ms A, 83r°). Elle pourra dire à la fin de sa vie que depuis l'âge de 3 ans, elle ne lui a jamais rien refusé. Cette attitude est la clef de la compréhension de Thérèse à l'action de l'Esprit Saint. C'est elle qui va entraîner sa totale disponibilité et faire d'elle un instrument fidèle au service de Dieu. Dans ce cadre, sa faiblesse ne constitue pas un obstacle. Au contraire ! Voici le raisonnement de Thérèse : si le Seigneur qui connaît mieux que moi ma pauvreté et ma petitesse me demande néanmoins quelque chose, c'est qu'Il va tout me donner pour répondre à son appel ; je n'ai donc qu'à ouvrir les mains. C'est toute la logique de Thérèse. C'est aussi celle de Dieu.

Tout recevoir de Dieu

En voici une belle confirmation. Devant le sentiment de son incapacité à bien remplir sa tâche auprès des novices, Thérèse décide de tout recevoir du Seigneur. « *Seigneur, je suis trop petite pour nourrir vos enfants ; si vous voulez leur donner par moi ce qui convient à chacune, remplissez ma petite main et sans quitter vos bras, sans détourner la tête, je donnerai vos trésors à l'âme qui viendra me demander sa nourriture* » (Ms C, 22v°).

Thérèse transmet donc, comme un enfant, des paroles qui ne viennent pas d'elle. Mais celles-ci font mouche. Au point que les novices en arriveront à croire qu'elle lit dans leur âme. Mais Thérèse est la première étonnée ! Elle fait ses remarques par esprit de service, sans se rechercher elle-même et quelle que soit la manière dont son intervention sera reçue. « *Si elle (la novice) la trouve à son goût, je saurai que ce n'est pas à moi, mais à Vous qu'elle la doit ; au contraire, si elle se plaint et trouve amer ce que je lui présente, ma paix ne sera pas troublée, je tâcherai de la persuader que cette nourriture vient de Vous et me garderai bien d'en chercher une autre pour elle* » (Ms C, 22v°). Quelle confiance dans l'action de l'Esprit Saint !

Thérèse a remarqué que « *depuis toujours le Seigneur s'est servi de ses créatures comme d'instruments pour faire son œuvre dans les âmes* » (Ms C, 20r°). Le pinceau n'est qu'un instrument. Ce n'est pas à lui qu'il faut attribuer la beauté du tableau mais bien à l'artiste qui le tient dans sa main. Une seule chose est demandée à l'instrument : le maximum de docilité ! Cette comparaison situe l'exercice des charismes à sa juste place : l'artiste a besoin de son pinceau mais c'est toujours lui le maître d'œuvre !

De plus, on ne trouve chez Thérèse aucune recherche de sensationnel, d'extraordinaire. Au contraire. Elle se méfie des manifestations hors du commun par crainte de tomber dans l'illusion. Après avoir été profondément touchée par une parole de Mère Geneviève, Thérèse essaie de savoir quelle révélation elle aurait eue à son sujet. Apprenant qu'il n'y en avait aucune, elle écrit : « Mon admiration fut encore plus grande, voyant à quel degré éminent Jésus vivait en elle et la faisait agir et parler. Ah ! Cette sainteté-là me paraît la plus vraie, la plus sainte et c'est elle que je désire car il ne s'y rencontre aucune illusion… » (Ms A, 78r°). Pour Thérèse, il ne lui est pas nécessaire d'être consciente qu'elle exerce un charisme. Son désir est de laisser Dieu agir à travers elle au maximum. Là est l'important.

Le moment présent

Mais ce désir, elle le vit sans inquiétude, pleine de confiance, en faisant à chaque instant de son mieux ce qui lui est demandé. Elle constate que le Seigneur bénit cette façon de vivre. «*J'ai remarqué bien des fois que Jésus ne veut pas me donner de provisions, il me nourrit à chaque instant d'une nourriture toute nouvelle, je la trouve en moi sans savoir comment elle y est… Je crois tout simplement que c'est Jésus Lui-même, caché au fond de mon pauvre petit cœur qui me fait la grâce d'agir en moi et me fait penser tout ce qu'Il veut que je fasse au moment présent*» (Ms A, 76r°). Thérèse signale, en outre, que ces lumières ne lui viennent pas le plus souvent dans son oraison, mais au milieu des occupations de sa journée. Cependant c'est dans son oraison qu'elle affine son oreille spirituelle pour mieux discerner la volonté de Dieu.

L'écoute de la Parole

Son oraison, d'ailleurs, est toute simple. Jésus y enseigne sans bruit de paroles. «*Jamais je ne l'ai entendu parler, mais je sens qu'Il est en moi, à chaque instant*» (MsA). Ceci n'empêche pas que sa prière soit un dur combat : silence et sécheresse. Mais le Seigneur l'éclaire par sa Parole qui est au cœur de sa prière. «*C'est, par-dessus tout, l'Évangile qui m'entretient pendant mes oraisons, en lui je trouve tout ce qui est nécessaire à ma pauvre petite âme* » (Ms A, 83v°).

Face à ses questions, elle n'hésite pas à « tirer » (le mot est de Thérèse) des textes, c'est-à-dire à ouvrir sa Bible, dans la prière, pour se laisser éclairer par Dieu. À maintes reprises elle reçoit ainsi la parole de vie dont elle a besoin. Pensez à sa retraite de septembre 1896. Dans sa prière, elle disait au Seigneur son désir d'être guerrier, prêtre, apôtre, docteur, martyr… « *À l'oraison, mes désirs me faisant souffrir un véritable martyre, j'ouvris les épîtres de saint Paul afin de chercher quelque réponse* » (Ms B, 3r°). Mais la réponse, de prime abord, ne la contente pas. Elle cherche plus loin. En lisant l'hymne à la charité du chapitre 13 de la première aux Corinthiens, la lumière jaillit. « *La Charité me donna la clef de ma vocation… Je compris que l'Église avait un Cœur, et que ce Cœur était brûlant d'AMOUR… Alors, dans l'excès de ma joie délirante, je me suis écriée : Ô Jésus, mon Amour… ma vocation, enfin je l'ai trouvée, ma vocation, c'est l'AMOUR… dans le Cœur de l'Église, ma Mère, je serai l'Amour… ainsi je serai tout… ainsi mon rêve sera réalisé!!!…* » (Ms B, 3v°). Ce qui est frappant, c'est qu'elle ne s'est pas laissée arrêter en chemin. Apprenant que tous ne pouvaient être apôtres, prophètes, docteurs… elle ne s'est pas découragée. Elle est allée plus loin : elle n'a pas été déçue ! Et nous voici conduits au cœur du message thérésien.

Un visage étonnant

Hôtesse de l'air, la trentaine, désinvolte, je menais une vie de facilité et d'agréments. Bien que d'éducation chrétienne, je ne me sentais pas concernée par la religion tout en étant assoiffée de spiritualité (bouddhisme, etc.). Cependant, quelque part au fond de moi-même se laissait parfois deviner un vide. Un jour, alors que je marchais d'un pas allègre dans la rue, je passai devant quelques vitrines sur lesquelles je jetai un œil distrait. Tout à coup mon attention fut attirée par une couverture de livre : un visage étonnant. Sans m'arrêter, je me dis soudain : « Ce regard ! Mais cette fille a compris quelque chose, elle est habitée. » Interloquée, je m'arrêtai et revins sur mes pas pour regarder encore ces yeux, ce rayonnement. Je restai plantée là quelques instants, puis je me sentis comme poussée à entrer et à acheter ce livre – ce que je fis. Certaine d'avoir acquis un trésor, je continuai mon chemin pour me rendre à l'aéroport où un vol m'attendait pour une destination lointaine.

Dès l'arrivée, je me rendis à l'hôtel où l'équipage avait coutume de séjourner. Nous formions une bonne équipe et avions l'habitude de nous retrouver au bar, au bord de la piscine ou bien encore d'aller ensemble explorer les environs. Ce jour-là, je m'enfermai dans ma chambre pour découvrir mon trésor. Les autres essayèrent bien de m'attirer plutôt vers la piscine, mais rien n'y faisait. « Non, non, ne m'attendez pas, je suis en train de lire quelque chose de passionnant ! – Ah bon, entendis-je, voudrais-tu me le passer après ? Qu'est-ce donc ? – C'est la vie de sainte Thérèse de Lisieux », répondis-je. Petit silence de l'interlocutrice... « Bon, à plus tard. » Mais avant d'avoir fini L'Histoire d'une Âme, je ne voulais pas de « plus tard » : j'étais passionnée. Ce regard ne m'avait pas accrochée pour rien... Je trouvais là nombre de réponses à mes questions de toujours, une raison d'être, et même comme un soulagement. Sainte Thérèse m'a ainsi menée vers Jésus. En effet, une fois fermé ce précieux livre, je n'eus qu'un désir, connaître ce Jésus vers lequel elle m'attirait. Comment le découvrir mieux que par l'Évangile, me dis-je. J'achetai donc un Évangile et le lus de la première à la dernière ligne. C'est alors qu'eut lieu ma conversion. Je voulais Le suivre, L'aimer, Le servir, Le connaître toujours plus. Je décidai d'abord de changer mon style de vie, puis de rencontrer un prêtre. Je redécouvris le vrai bonheur, un grand amour de l'Église ; commençait ainsi un long cheminement...

Sylvie

« C'est l'amour seul qui compte »

À la suite de saint Paul, Thérèse nous montre que toute sainteté, tout charisme, procède avant tout de l'amour. C'est lui qui est la source intarissable de sa confiance, de son abandon, de sa disponibilité, de sa simplicité, de son humilité et de son audace. Lui encore, le moteur de chacune de ses actions, car lui seul l'attire. Son unique désir est d'aimer Jésus à la folie parce qu'elle a découvert de quel amour elle est aimée. Voilà son charisme fondamental : montrer la voie de l'Amour ! C'est ce chemin qu'elle nous invite à suivre : nous élever vers le Seigneur par la confiance et l'amour.

Deux heureux mariages

Christian, mon fils, allait avoir 28 ans. Achevant son service militaire retardé par de longues études, désenchanté par les situations pénibles vécues à l'armée, sombre et anxieux, il semblait ne pas songer au mariage et appréhender l'avenir. Extrêmement gentil avec ses frères et sœurs, et bon envers tous, il était pourtant au bord de la dépression nerveuse.

Sa sœur Hélène, 24 ans, vivait tout autre chose. Entourée de beaucoup d'amis, pleine d'entrain, elle désirait se marier mais ne trouvait pas le prince charmant. L'un et l'autre vivaient seuls, et j'avais bien conscience que cette situation ne pouvait pas se prolonger.

Pleine de confiance dans la petite sœur Thérèse, j'écrivis au Carmel de Lisieux pour demander la prière des carmélites. Je reçus une réponse immédiate, m'invitant à m'associer à une neuvaine que feraient les religieuses. Un mois plus tard, mes deux aînés nous firent part de leur intention d'aller suivre ensemble une retraite à Châteauneuf de Galaure, petit village dans la Drôme où a vécu Marthe Robin, une grande mystique de ce siècle. Lors de son retour à la maison, Hélène m'annonça sa décision d'épouser Marc, le frère de l'une de ses meilleures amies, et Christian avait fait connaissance pendant sa retraite d'une jeune fille de grande valeur qui devint sa femme l'année suivante. Chacun des deux foyers a maintenant cinq enfants et vit sa foi avec ferveur. Thérèse a répondu merveilleusement à notre prière.

Quelques années après le mariage de mon fils, je raconte un jour devant sa femme et devant lui, la démarche que j'ai faite pour obtenir la prière du Carmel de Lisieux, à laquelle j'attribue la grâce de leur rencontre. Ma belle-fille, Mireille, est très touchée : « Ah, ça alors ! C'est à la petite Thérèse que je dois ma rencontre avec Christian ? C'est merveilleux, parce que justement Thérèse est ma petite sœur, elle l'a toujours été... Mais je ne savais pas que je lui devais cela ! – Comment, votre petite sœur ? – Eh bien oui, quand j'étais enfant, si malheureuse d'être fille unique, je désirais tellement une petite sœur que je m'en étais inventée une... C'était Thérèse. Alors je lui parlais sans cesse, je jouais avec elle, je pensais tout le temps à elle... C'était ma compagne de jeux, ma compagne pour tout ! Et je lui dois Christian ? C'est merveilleux... »

Mélanie

5

Thérèse missionnaire

Mgr Albert-Marie de Monléon
Évêque de Pamiers

Le 14 décembre 1927 le pape Pie XI déclarait Thérèse « *Patronne spéciale de tous les missionnaires, hommes et femmes, et des missions existant dans tout l'univers, au même titre principal que saint François-Xavier* ». Voilà qui pourrait nous étonner. Comment une jeune fille, entrée au Carmel à 15 ans et morte à 24 ans, a-t-elle pu être choisie par l'Église comme patronne des missions, seulement 30 ans après sa mort ?

Cette idée est venue du grand Nord. En 1917, Mgr Charlebois œuvrait depuis cinq années à l'évangélisation des Esquimaux de la baie d'Hudson. Mais sans résultat. Un jour, il dispersa discrètement sur un groupe d'Esquimaux une pincée de terre venue de la tombe de Thérèse. Aussitôt, « *irrésistiblement emportés* », ainsi qu'ils l'avouaient, les Esquimaux demandèrent le baptême. À la suite de ce prodige, Mgr Charlebois désira donner Thérèse comme patronne à ses missions.

C'est pourquoi, dès qu'elle fut canonisée, l'évêque des Esquimaux entreprit des initiatives en ce sens. Des évêques voisins, puis du monde entier, se joignirent à lui, et finalement, c'est une supplique de 226 signatures qui arriva à Rome. Des évêques de tous les pays de mission s'y unissaient pour demander à avoir Thérèse comme patronne. La supplique fut présentée au pape Pie XI le 14 octobre 1927. Deux mois plus tard, celui-ci proclamait Thérèse « patronne des missions ».

Une confirmation éclatante

Certains s'étonneront peut-être de ce choix et de la rapidité avec laquelle l'Église reconnaissait en la petite carmélite une égale de saint François-Xavier. Par là, le Seigneur a voulu donner une confirmation éclatante des intuitions de Thérèse, et l'accomplissement de ses immenses désirs. Certes, dès avant sa canonisation, Thérèse était déjà l'enfant chérie des missionnaires ! Ses interventions en leur faveur ne se comptaient plus. Lorsqu'on lit les témoignages venus de tous les continents, des missions les plus reculées, on est bouleversé de voir à quel point Thérèse est active, agissant avec intelligence et grande compassion, se manifestant sans compter. Mais Dieu n'a pas voulu s'arrêter là. S'il a voulu que Thérèse devienne patronne des missions, c'est pour confirmer et soutenir cet extraordinaire effort missionnaire de l'Église, et nous faire comprendre d'une manière nouvelle quel est le cœur de la mission.

Missionnaire de l'Amour

Il est très beau de voir, tout d'abord, que Thérèse est née du désir si souvent exprimé par ses parents de donner un missionnaire à l'Église. Leur prière a été pleinement exaucée… Mais tout autrement qu'ils l'espéraient ! Et ce désir qui a porté Thérèse dès avant sa conception a dynamisé toute sa vie ! Ainsi, lors de la grâce de Noël, elle raconte : « *Je sentis un grand désir de travailler à la conversion des pécheurs... Je sentis en un mot, la charité entrer dans mon cœur...* » (Ms A, 45v°). Et c'est pourquoi elle sera carmélite.

Au Carmel, ses désirs vont sans cesse grandir, devenir « infinis », comme elle l'écrira d'abord dans l'acte d'offrande (on lui fera remplacer ce mot, jugé applicable à Dieu seul, par « immenses »). Dans sa confiance, elle sait que Dieu ne les lui inspirerait pas s'Il ne voulait les satisfaire ! Elle va même jusqu'à vouloir passer son ciel à être missionnaire et faire du bien sur la terre. Elle fera pour cela une neuvaine à saint François-Xavier.

Elle désirait réaliser toutes les vocations : « *Je me sens la vocation de Prêtre, d'Apôtre, de Docteur, de Martyr...* » L'immensité de ses désirs et de ses espérances touche à l'infini. « *Ah, malgré ma petitesse, je voudrais éclairer les âmes comme les Prophètes, les Docteurs, j'ai la vocation d'être Apôtre... Je voudrais parcourir la terre, prêcher ton nom, ô mon Bien Aimé [...] Je voudrais être missionnaire, non seulement pendant quelques années, mais je voudrais l'avoir été depuis la création du monde, et continuer de l'être jusqu'à la consommation des siècles* » (Ms B 2v°, 3r°).

Peu de temps avant sa mort, sa sœur Céline, répondant à l'une de ses réflexions, lui disait : « *Alors vous croyez que vous sauverez plus d'âmes au ciel ? – Oui, je le crois, me répondit-elle, la preuve c'est que le bon Dieu me laisse mourir, alors que je désire tant lui sauver des âmes…* » (Conseils et Souvenirs).

Les Bene-Tereziya au Burundi

L'une des 50 congrégations nées du rayonnement de sainte Thérèse

Les Bene-Tereziya ont été fondées le 9 avril 1932, à la demande instante de dix jeunes postulantes du Burundi. Celles-ci avaient dû braver les résistances de leur entourage et patienter de longues années, afin de manifester la profondeur de leur foi et leur résolution à répondre à l'appel qu'elles avaient entendu. L'évangélisation du Burundi était encore toute récente. En 1922, Mgr Julien Gorju, Père blanc, apôtre infatigable et grand ami de Thérèse, avait été envoyé au Burundi pour rejoindre les premiers missionnaires qui y étaient installés depuis une vingtaine d'années. Son premier geste fut de fonder une mission consacrée à sainte Thérèse, dans le village de Gatara. Et dès qu'il sentit la situation suffisamment mûre, il fonda le noviciat de celles qui prirent le nom de « petites thérésienne », les Bene-Tereziya.

Pourquoi sainte Thérèse ?

Mgr Gorju désirait que la « petite voie », prêchée par sainte Thérèse, devint le fond de la spiritualité des jeunes religieuses : « Si je donne sainte Thérèse comme patronne à la Congrégation, ce n'est pas parce que la petite sainte est une faiseuse de miracles, mais parce que Dieu l'a accréditée, par des miracles, à nous prêcher cette "petite voie" qui est celle de l'Évangile » Petite voie de confiance et d'amour, fondement de leur vie de prière et source de toute leur activité apostolique : car, fruits du travail des missionnaires, les Bene-Tereziya sont devenues missionnaires à leur tour, en assistant les prêtres dans leur œuvre d'évangélisation. C'est ainsi que Mgr Gorju concevait leur vocation. Elles s'occupent en particulier de la catéchèse des enfants et des adultes, de l'alphabétisation et de la formation des femmes. Et malgré les difficultés qu'a connues l'Église ces dernières années au Burundi, la congrégation regroupe actuellement plus de 400 religieuses et s'est développée en Tanzanie, au Cameroun et au Tchad.

Livrée à l'Amour

Pourquoi Thérèse a-t-elle été ainsi non seulement exaucée dans tous ses désirs, mais proclamée Patronne des Missions ? La réponse à cette question est aussi simple qu'inépuisable : Thérèse est missionnaire parce qu'elle s'est livrée à l'Amour. Pour le comprendre, il suffit de rapprocher ce que l'Église dit elle-même de sa vocation de ce que Thérèse comprend de la sienne.

En effet, dans l'un des plus beaux documents du Concile Vatican II – L'activité missionnaire de l'Église – voici ce que l'Église dit d'elle-même : « *L'Église, en son pèlerinage sur la terre, est, par sa nature même, missionnaire. Elle tire en effet son origine de l'envoi, de la mission, du Fils et de l'Esprit Saint, selon le dessein de Dieu le Père* » (A.G.2).

L'Église est, par nature, c'est-à-dire, constitutivement et de naissance, missionnaire. La mission n'est pas seulement un déploiement de l'Église, elle est l'Église en son essence même. « *L'activité missionnaire n'est rien d'autre et n'est rien moins que la manifestation, l'Épiphanie, du dessein de Dieu, et son accomplissement dans le monde et son histoire»* (Ibid. 9). Ce dessein, révélé dans le Christ, manifesté dans l'Esprit, est l'Amour infini de Dieu, «*oui, Dieu a tant aimé le monde qu'Il a donné son Fils*» (Jn 3,16), qu'Il a envoyé, «missionné», son Unique. Voilà l'acte de naissance de l'Église, elle est de même nature missionnaire que le Fils et l'Esprit. Et le Concile ajoute: «L'Église, envoyée par le Christ pour manifester et communiquer la charité de Dieu à tous les hommes et à toutes les nations, comprend qu'elle a à faire une œuvre missionnaire énorme» (A.G.10). C'est bien la même urgence qu'éprouvait Thérèse dans l'immensité de ses désirs à faire connaître l'inexprimable amour du Christ au monde entier. Il y a plus de quatre milliards d'hommes aujourd'hui, et on comprend que Thérèse ait du travail.

Thérèse et l'administration

Voici, racontée par un prêtre argentin qui vit à Adrogué, petite ville de 40 000 habitants à 25 km de Buenos Aires, l'histoire qui est arrivée à l'un de ses amis.

Malade du cœur, M. Lopez fut obligé l'an dernier de partir en retraite anticipée. Mais il lui manquait un papier administratif que la banque d'Adrogué ne pouvait lui fournir par suite du déménagement de ses bureaux dans de nouveaux locaux.

C'est alors que M. Lopez se recommande à Thérèse : « Sainte petite Thérèse, faites-moi retrouver le papier ! » La première neuvaine ne donnant pas de résultat, il en commence une seconde le 9 juin 1987 (date anniversaire de la consécration de Thérèse à l'Amour Miséricordieux !). Le 12 juin, il est convoqué à la banque.

« Monsieur, elle est fameuse, votre religieuse !

– Quelle religieuse ?

– Celle que vous avez envoyée !

– Vous vous trompez. Je n'ai envoyé personne !

– Mais si ! Une religieuse vient de venir à notre guichet ! Elle est formidable ! Elle connaît les archives mieux que nous !

– Comment cela ?

– Elle m'a dit : "Le certificat que cherche M. Lopez se trouve dans vos archives à l'avant-dernière page du volume 23." Voyant mon hésitation, elle insista : "Faites-lui plaisir !" Je suis allé consulter les archives et j'ai trouvé le papier à l'endroit indiqué, mais quand je suis revenu au guichet, la religieuse avait disparu !

– Je commence à comprendre ! Comment était habillée cette religieuse ? »

Et tirant de sa poche une image de Thérèse, M. Lopez la présente à l'employé :

« Ne serait-ce pas celle-ci ?

– Tout à fait ! C'est elle qui est venue de votre part ! »

Témoignage paru dans
Les Annales de sainte Thérèse de Lisieux, janvier 1988, p. 18

Ma vocation, c'est l'Amour

Donc L'Église est missionnaire parce qu'elle vient de Dieu et que Dieu est Amour et que cet Amour veut répandre « ses flots de tendresse infinie ». Si Thérèse est missionnaire jusqu'à la fin du monde, patronne de tous les missionnaires, c'est qu'un jour, brûlée « par ses désirs qui lui faisaient souffrir un véritable martyre », elle comprit que sa vocation renfermait toutes les vocations qu'elle désirait. « *Je compris que l'Église avait un cœur, et que ce cœur était brûlant d'Amour […] Oui, j'ai trouvé ma place dans l'Église et cette place, ô mon Dieu, c'est vous qui me l'avez donnée… dans le cœur de l'Église, ma Mère, je serai l'Amour… ainsi je serai tout... ainsi mon rêve sera réalisé !!!* » (Ms B 3v°). C'est bien ce que nous fait comprendre ce témoignage du pape Jean-Paul II. Le 2 juin 1980, au soir de son pèlerinage à Lisieux, il dit aux carmélites :

« *Vous savez peut-être que ce matin, j'ai parlé à l'Unesco. Je voulais leur donner le Christ. Et je pensais à la parole : "Allez enseigner toutes les nations..." Et j'avais là toutes les nations. Eh bien, pendant tout ce temps-là, j'ai senti une intimité avec sainte Thérèse. Quand on veut aller vers les nations, il est nécessaire d'être relié à quelqu'un qui est au cœur.* »

La charité qui brûle le cœur de Thérèse est l'Amour même du Père auquel elle s'est livrée dans un abandon plein de confiance, celui du petit enfant. Cette charité, elle est son Amour brûlant pour Jésus son Bien Aimé, elle est l'Amour de l'Esprit Saint, car l'acte d'offrande à l'Amour miséricordieux est une consécration dans et par l'Esprit Saint. Cette charité, enfin, et indissociablement, est un amour pour tous les hommes et spécialement les plus éloignés de Dieu, (les pécheurs), et les plus démunis, les plus délaissés.

C'est l'Amour qui évangélise

En conclusion, je voudrais citer quelques mots de l'homélie du cardinal Danneels à Lisieux le 27 septembre 1987, lors des fêtes du soixantième anniversaire de la proclamation de Thérèse comme patronne des missions. En effet, puisque l'Église est missionnaire, et que nous sommes appelés plus que jamais à une « nouvelle évangélisation », dans un monde qui a tant besoin de connaître l'Amour de Dieu, il est bon de retrouver les moyens de devenir missionnaires.

« *L'amour a toujours été le noyau même de toute œuvre missionnaire. Avec sainte Thérèse, il devient tellement clair et indéniable que c'est l'Amour qui évangélise, que l'œuvre missionnaire n'est pas d'abord question d'éloquence, de puissance de la parole humaine, de déplacements, de souffrance, de voyages bien sûr, il nous faut faire tout cela parce que toutes ces fatigues du missionnaire sont une expression de son amour. Mais Thérèse nous a fait comprendre qu'on évangélise le cœur par le cœur.* »

Une seconde révélation de Thérèse missionnaire, au cœur de l'Église, c'est la foi en la Communion des saints : « *L'Évangile n'est pas proclamé, ni propagé uniquement ni d'abord, par la communication orale, par la vue ou par l'ouïe. L'Évangile se communique par les voies secrètes et invisibles de la Communion des Saints. Dans le grand Corps du Christ que nous formons tous, avec tous les peuples de la terre, il y a un réseau de communication, un système nerveux et une circulation sanguine qui dépassent largement en vitesse et en efficacité toutes les autres voies de communications humaines [...]. Il y a plus encore. L'œuvre de mission et d'évangélisation ne relève pas de l'ordre de la production, de la fabrication, de la transmission, de la communication, on ne fait pas un chrétien, on ne le fabrique pas. Certes il ne faut pas négliger toutes ces voies humaines et ces voies de communication. L'œuvre de l'évangélisation et de conversion est de l'ordre de la transmission de la vie, c'est-à-dire de l'enfantement. Évangéliser, ce n'est pas d'abord instruire, c'est donner la vie. C'est donc œuvre de paternité et de maternité.* »

En effet, la manière d'évangéliser de Thérèse, malgré la vigueur de son feu, reste très maternelle. Lorsqu'on lit sa vie et les innombrables témoignages de missionnaires, tant dans les années 1920 que tout récemment, on trouve éminemment chez Thérèse, une qualité maternelle à son action. Selon sa vocation de carmélite, elle est et elle se sait vraiment mère, et les missionnaires, ceux qui évangélisent en quelques situations que ce soit, ont besoin d'elle. Comme d'ailleurs aussi de Marie. En ces temps de nouvelle évangélisation, n'oublions pas la place de Marie à la Pentecôte, à la naissance de l'Église missionnaire.

Un cœur missionnaire

par Markus Gehlen

N'est-ce pas étonnant que l'Église proclame une religieuse cloîtrée et qui n'a jamais quitté la France, patronne principale des missions ?

On ne s'en étonne plus lorsque l'on saisit grâce à elle que la vocation à la mission est d'abord un appel à « être missionnaire » et à avoir un cœur missionnaire, et non pas à « faire des missions ». Ce n'est pas non plus une question de compétence. On ne peut pas dire que Thérèse ait eu des qualités extraordinaires, qu'elle ait été spécialement compétente (selon nos critères) pour la mission ou expérimentée dans ce domaine.

Thérèse nous aide à comprendre que la mission peut être vécue pleinement dans n'importe quelle circonstance de notre vie et de notre vie de tous les jours. Un épisode de sa vie est particulièrement éclairant. Celui qui s'est produit au cours de la nuit de Noël 1886. « En un instant, l'ouvrage que je n'avais pu faire en dix ans, Jésus le fit se contentant de ma bonne volonté qui jamais ne me fit défaut. Il fit de moi un pécheur d'âmes. Je sentis un grand désir de travailler à la conversion des pécheurs. Je sentis en moi en un mot la charité entrer dans mon cœur, le besoin de m'oublier pour faire plaisir et depuis lors je fus heureuse. »

Pour être missionnaire, il faut aimer les hommes. Là encore, Thérèse nous indique le chemin. Parce qu'elle aime Dieu, elle a le grand désir qu'Il soit aimé par tous les hommes, elle a donc le désir de l'annoncer. Elle ressent aussi à ce moment-là non seulement le désir, mais le besoin de s'oublier. Thérèse dit : « Depuis lors, je fus heureuse. » Le fruit de ce désir de mission, c'est en effet la joie, la joie que la volonté du Seigneur se fasse. Dans cette perspective, l'oubli de soi n'est pas une contrainte mais notre bonheur.

Thérèse, patronne des missions

Par le baptême tout chrétien est appelé à la mission. Certains baptisés ont répondu à cet appel de façon radicale. Ainsi sainte Thérèse. C'est pourquoi l'Église l'a proclamée patronne des missions. Thérèse nous parle de sa vocation missionnaire. Dans cette nuit de Noël, elle a reçu le courage de dépasser ses propres limites, d'accepter qu'elle fût petite. La force de Dieu a rempli son cœur, lui donnant le courage et le désir de proclamer le Nom du Seigneur. Son désir était tellement fort qu'il était pour elle un vrai martyre. Priant et ouvrant sa Bible, elle tombe sur le chapitre 12 et 13 de la première Lettre aux Corinthiens. Comment vivre la mission ? « Considérant le corps mystique de l'Église, je ne m'étais reconnue dans aucun de ses membres décrits par saint Paul ou plutôt je voulais me reconnaître en tous, la charité me donna la clé de ma vocation [...] ***Dans le cœur de l'Église ma mère je serai l'amour***. »

Elle avait compris que c'était en vivant l'amour qu'elle pourrait vivre l'appel à la mission tout en étant cloîtrée. En vivant, en posant des actes d'amour, elle se sentait unie à tous les missionnaires qui eux-mêmes, par amour, annonçaient l'Évangile.

Mais comment vivre cet amour, puisque l'amour se prouve par les œuvres ? « Eh bien, le petit enfant jettera des fleurs ! » Ceux qui connaissent un peu Thérèse savent que pour elle, jeter des fleurs n'est pas du tout quelque chose de romantique, mais au contraire de très concret et de radical. « Je n'ai d'autre moyen de prouver mon amour que de jeter des fleurs, c'est-à-dire de ne laisser s'échapper aucun petit sacrifice, aucun regard, aucune parole, de profiter de toutes les plus petites choses et de les faire par amour. » C'est le secret de sa petite voie.

Comment vivre notre appel à la mission dans la vie quotidienne ? En faisant tout par amour. Cela ne change pas forcément nos activités, mais notre cœur. Thérèse a beaucoup souffert. Elle a offert toute sa souffrance pour la mission, pour les missionnaires. Elle s'est même offerte en victime d'holocauste à l'Amour miséricordieux du Bon Dieu : don radical qui fait d'elle réellement et pleinement une missionnaire. On rejoint ici le concile Vatican II qui associe à plusieurs reprises sainteté et évangélisation : autrement dit, aimer Dieu et Le faire aimer. En aimant Dieu, en ne cherchant que sa volonté – n'est-ce pas cela la sainteté ? –, notre désir grandit de le faire aimer, d'évangéliser. Ces deux aspects sont toujours liés : nous sommes fidèles à notre baptême en évangélisant, en acceptant notre appel à la mission.

Markus Gahlan

6

Choubrah au Caire
Tout le monde m'aimera

Choubrah est un quartier de la ville du Caire. En octobre 1926, les premiers Carmes s'y installent. Ils viennent du Mont Carmel, en Palestine (aujourd'hui Haïfa). Aidés par quelques tertiaires Carmes qui vivaient là, très vite ils acquièrent une petite villa qu'ils dédient à Notre Dame du Mont-Carmel et dont ils veulent faire une chapelle ainsi qu'un lieu d'accueil et de conférences à l'intention du Tiers Ordre des Carmes déchaussés. Or l'un des tertiaires concernés avait été très touché par la canonisation de sainte Thérèse l'année précédente ; il lui avait dès lors voué une grande vénération. Il décide, pour cette raison, de demander l'autorisation d'accrocher, sous la représentation de Notre Dame du Mont-Carmel, un portrait de sa sainte bien-aimée. Dès cet instant commence une pluie de roses, timide ondée encore, mais…

Premiers miracles

En effet, alors qu'il vient de poser ce cadre, il rencontre un ami, un juif, qui venait demander une très grande grâce à sainte Thérèse. Il le conduit, lui et toute sa famille, tous juifs, devant le tableau de sainte Thérèse et prie là avec eux. Dès leur retour chez eux, la grâce était accordée ! Aussitôt, le juif revient sur ses pas et fait dire au Supérieur, le Père Edmond, ce qui lui arrive, ainsi que son intention de faire un don. Il dépose son don dans le tronc et lorsque, peu après, le Père Edmond ouvre le tronc, il trouve exactement la somme qu'il avait demandée à sainte Thérèse pour aménager la petite chapelle. Voilà les deux premiers signes donnés dans cette chapelle ! Quelques instants plus tard, vient un musulman conduit par l'un de ses amis, chrétien celui-ci. Le musulman fond en larmes devant sainte Thérèse et lui adresse cette prière : « Je suis si malheureux : ma femme est si malade depuis de si longues années et je ne peux rien pour elle, j'ai beau la soigner, tout est vain. » Après cette prière pleine de foi, il s'en retourne chez lui et trouve sa femme, debout, totalement guérie ! Dès cet instant, il fait connaître sainte Thérèse partout autour de lui et se trouve ainsi au point de départ d'une très grande dévotion à la petite sainte, aussi bien chez les musulmans que chez les chrétiens et à travers toute l'Égypte.

Le champ de roses

Depuis ce jour-là, les gens affluent toujours plus nombreux. Très vite, la chapelle devient trop petite. On décide alors de faire une quête à travers l'Égypte entière pour pouvoir construire un grand sanctuaire à sainte Thérèse. Le résultat de cette quête donne la moitié de la somme nécessaire pour construire la nouvelle église. Mais il fallait d'abord avoir de la place… C'est alors que le Père Edmond décide d'acheter un champ qui touchait au terrain de la chapelle. Il s'agit d'un champ de roses dont le propriétaire refuse malheureusement de se séparer. Le supérieur, sans une hésitation, se rend la nuit suivante sur le terrain et jette dans le champ une petite médaille de sainte

Thérèse de l'Enfant-Jésus en lui adressant cette prière : « Sainte Thérèse, tu fais tant de miracles, il faut que tu fasses de ce champ de roses terrestres un champ de pluie de roses célestes. »

Dès le lendemain matin se présente le propriétaire du champ ; il a fait un songe extraordinaire qui l'a fait changer d'avis : il accepte de vendre ! Les travaux commencent aussitôt et la première pierre est posée le 17 mai 1931 (6 ans jour pour jour après la canonisation de notre sainte). Une première partie de l'édifice sera finie et inaugurée le 3 octobre 1932 ; l'ensemble sera définitivement terminé en 1942.

Les merveilles continuent

Pendant toutes ces années, miracles et grâces ne cessent d'augmenter. Au cours de cette année 1942, venait très fidèlement assister à la messe, chaque dimanche, une ravissante petite fille, grecque-orthodoxe. Complètement paralysée des deux jambes, son frère la portait dans ses bras et, chaque dimanche, elle apportait avec son offrande un joli bouquet de roses qu'elle déposait à sainte Thérèse. Or, un dimanche, elle est arrivée en marchant toute seule. Les prêtres qui la connaissaient bien lui font fête et l'entourent : « Sainte Thérèse est venue me voir cette nuit. Elle a passé ses mains tout doucement sur mes jambes et elle m'a dit que ma prière persévérante et ma foi avaient touché le Bon Dieu qui me donnait cette guérison. Alors dès que je me suis éveillée le matin, je me suis levée, toute seule ! » La famille et tous les voisins, en liesse, l'ont accompagnée au sanctuaire où, une fois encore, elle a offert son bouquet de roses et son obole, mais en action de grâces, cette fois-ci, fêtée par tous.

La visite du premier ministre

Avec l'affluence, très vite s'est posée une grave difficulté : que faire des voitures des pèlerins qui ne pouvaient se garer dans l'enceinte du sanctuaire car la porte d'entrée était trop étroite ? Certes, elle aurait pu être élargie, il suffisait pour cela d'obtenir une autorisation du Ministère car le bout de terrain concerné appartenait à l'État. Mais cette autorisation avait toujours été refusée. Le Père Edmond décide alors d'employer les grands moyens. Un soir, peu après minuit, ses frères et lui-même prient ensemble sainte Thérèse de leur venir en aide, puis ils déposent une médaille de leur sainte à l'endroit concerné. Dès le lendemain, le premier Ministre lui-même vient faire une visite à sainte Thérèse. Il va sans dire qu'il est musulman. Sa prière finie, il sort de l'Église et s'adresse au frère qui était là : « Je m'étonne que votre entrée soit si étroite, je n'ai pu faire entrer ma voiture et j'ai dû la laisser sur la route… » Le frère lui explique l'obstacle rencontré ; le premier Ministre lui répond qu'il va s'en occuper lui-même. En effet, très vite sont arrivés des ouvriers qui avaient ordre d'effectuer les travaux et le morceau de terrain appartenait désormais à part entière au sanctuaire… le tout gratuitement ! De plus, lorsque l'ouvrier a tracé la ligne de démarcation des travaux, il a trouvé la petite médaille qui se trouvait exactement sur ladite ligne ! Il la rapporte alors au Père Edmond qui décide de la faire parvenir au premier Ministre, en remerciement. Le premier Ministre l'épingle aussitôt au revers de son veston. Un jour, les gens de son entourage lui font part de leur étonnement à le voir toujours serein, gai, paisible alors que sa tâche est si lourde et semée d'embûches. Pour toute réponse, il enlève sa veste, montre sa médaille et leur répond, sans l'ombre d'une hésitation : « C'est qu'elle est avec moi, grâce à Dieu. »

Ce qui est très frappant, c'est qu'à Choubrah, les miracles qu'accomplit notre petite Sainte, sont pour tous, quelle que soit leur religion d'appartenance, et elle est profondément vénérée. Les grâces accordées sont des guérisons physiques, morales mais aussi et surtout spirituelles.

L'ambassadeur du Japon, bouddhiste

Ainsi, un jour, l'un des frères Carmes remarque un monsieur très élégant qui venait là très régulièrement et priait. Il s'installait toujours au même endroit avec son vieux livre de messe. Un jour, le frère l'aborde : « Monsieur, pardonnez-moi de vous déranger dans votre prière, mais je voulais vous dire combien je suis touché par votre prière. Puis-je vous demander à qui j'ai l'honneur de m'adresser ? – Bien sûr, lui est-il répondu, je suis l'ambassadeur du Japon ici, en Égypte ; je suis bouddhiste mais j'aime beaucoup sainte Thérèse et comme quelqu'un m'a fait cadeau de ce livre de prières catholiques, je viens les lui dire ici, par amitié. » Le frère lui demande s'il comprend tout ce qu'il dit ; ce à quoi l'ambassadeur lui répond : « Non, mais j'attends d'être éclairé. » Le frère lui propose alors de rencontrer le Père Edmond qui, parlant anglais, pourrait peut-être lui expliquer certains points et ainsi l'éclairer sur la Vérité. Aussitôt dit, aussitôt fait. Le Père Edmond a, peu à peu, pu enseigner à l'ambassadeur la foi catholique, la vie de sainte Thérèse, puis lui parler de catéchisme. Quelques mois plus tard, l'ambassadeur recevait le baptême. Puis l'évêque lui donne peu après le sacrement de confirmation. Il fait sa première communion en la basilique de sainte Thérèse, puis reçoit le sacrement de mariage catholique puisque son mariage avait été célébré selon les rites bouddhistes. Extraordinaires chemins de Dieu !

Baptêmes de musulmans

Quelques années plus tard, le même frère carme est frappé par la présence d'un musulman qui vient chaque vendredi, sans exception, de huit heures à midi ; il se tient debout, toujours au même endroit, sans bouger. Intrigué, le frère se présente à lui et lui demande ce qu'il fait, ainsi immobile pendant de si longues heures. Le musulman lui répond :

« C'est sainte Thérèse qui m'a amené ici, elle me veut ici. Vous savez que le vendredi est notre jour de congé pour nous, les musulmans ; alors quand j'arrive le matin à huit heures, je commence par demander pardon à Dieu pour mes nombreux péchés. Après, comme une goutte d'eau dans l'immense océan, je me jette dans sa bonté infinie, dans son amour éternel pour nous, les hommes, dans sa toute puissance, dans sa providence. Et quand je me jette dans cet océan, je ne vois plus le temps passer. J'ai chaque fois l'impression que je ne suis là que depuis cinq minutes lorsqu'on me dit que l'on va fermer car il est midi. »

Le frère lui répond que sainte Thérèse va l'instruire et il lui propose à ce moment-là de rencontrer l'un des pères, anglais, ce qu'il accepte avec joie. Quelque temps après, son frère et lui se sont tous deux convertis et se sont fait baptiser dans la basilique.

Allons, Ibrahim, bouge !

Les grâces spirituelles comme celles-ci ne se comptent plus tant elles sont nombreuses. Il en va de même pour les guérisons du corps, comme par exemple cet autre musulman qui venait d'une cinquantaine de kilomètres du Caire et que l'on a apporté tout à fait moribond. Rien en lui ne bougeait, il semblait même mort. Sa famille qui l'avait amené, le dépose devant sainte Thérèse et se met à prier. Au bout d'un moment, sa mère lui prend les bras en lui disant : « Allons Ibrahim, bouge, regarde, tu es là devant Dieu et près de sainte Thérèse, allons bouge ! »

Ibrahim ouvre alors les yeux, regardant à gauche et à droite. Puis il se lève, pour la première fois depuis un an, s'approche de la réplique du tombeau de sainte Thérèse et se met à tourner doucement autour : il était totalement guéri !

Les petites filles habillées comme Thérèse

L'une des formes que prend à Choubrah la reconnaissance des musulmans envers leur sainte Thérèse, est une pratique empruntée à une très ancienne tradition chrétienne, toujours en vigueur chez les chrétiens orientaux. Chaque dimanche, les petites filles de 8 à 10 ans sont habillées par leur mère comme sainte Thérèse. On les revêt de cet habit en récitant des prières, et pendant deux à trois ans, les fillettes viendront ainsi parées, fidèlement chaque dimanche à Choubrah, et ceci vaut encore pour aujourd'hui. Grand nombre d'entre elles portent d'ailleurs ce prénom de Thérèse !

Ainsi, encore une grâce, très récente celle-ci, est celle de cette femme qui, depuis 13 ans, suppliait Dieu de lui donner un enfant. Désespérée de n'être pas exaucée, elle vient pleurer devant la statue de sainte Thérèse. Elle persévère, sûre d'être exaucée… en effet un an après est née une jolie petite Thérèse !

Des guérisons incalculables

Il faut savoir que sur les 1 500 personnes qui viennent visiter la basilique chaque jour, la très grande majorité est musulmane. Le vendredi et le dimanche ce chiffre double ! Il existe également, dans l'enceinte du sanctuaire, un hôpital où les musulmans aiment à se faire soigner. Le nombre de guérisons reçues là-bas est lui aussi incalculable ! Tel, il y a quelques mois, ce paralysé qui attendait la venue du docteur. L'un des frères Carmes venant à passer, la famille lui demande de prier pour lui, ce qu'il fait aussitôt. Puis, l'aspergeant d'eau bénite, il lui demande de boire de cette eau. Ce qu'il accepte. Le frère Carme lui demande alors de s'asseoir. À la stupéfaction de sa famille, il s'assied, puis se lève et se met à bondir de joie : il était guéri !

Comme cela arrive chaque fois à l'occasion de tels miracles, les musulmans reviennent toujours le lendemain offrir un mouton à sainte Thérèse. Ils le partagent généralement avec les pauvres, nombreux dans cette partie du Caire. Et l'on ne compte pas le nombre d'opérations qui, à la dernière minute, se révèlent inutiles ! D'ailleurs, lorsque l'opération est toujours nécessaire, les médecins font venir l'aumônier avant de commencer afin que celui-ci prie pour eux, ainsi que pour le malade, ceci en vue de réussir au mieux.

Aujourd'hui encore, la basilique continue d'accueillir des foules de toutes races, religions, milieux (parfois ce sont même des musulmans qui amènent des chrétiens), ainsi qu'en témoignent les innombrables ex-voto qui ornent la basilique ; langues, écritures, mentalités sont toutes différentes, mais la reconnaissance exprimée est une, ainsi que la vénération dont est l'objet, là-bas, dans les faubourgs du Caire, la très grande petite sainte Thérèse de l'Enfant Jésus et de la Sainte Face.

7

Un avocat peu commun

par Suzanne Fouché

C'était en janvier 1934. Je me trouvais à l'Hôpital français d'Ismaïlia en Égypte, sur le conseil de mes médecins pour faire soigner une péritonite bacillaire, nouvel épisode d'une tuberculose qui se généralisait. Cet hôpital voyait venir tous les grands d'Égypte et du Moyen-Orient, confiants en cette médecine française dont ils n'avaient pas chez eux l'équivalent.

Bientôt arriva, du Caire, en urgence, le Premier Ministre en fonction, Sidhi Pacha, qui, après une hémorragie cérébrale, était hémiplégique. Il fallait l'empêcher de s'exaspérer de son état, pour lui catastrophique, et les médecins me le confièrent pour qu'il ait à qui parler.

Mon immobilité était propice à l'écoute. Il mesurait l'avidité que j'avais de découvrir son pays, son histoire millénaire et son génie, l'Islam et sa ferveur, la cohabitation des races et des croyances qu'il devait lui-même harmoniser.

Il me questionnait sur ma foi en Jésus Christ, le Prophète, sur l'adoration du Dieu unique chez les chrétiens. Nous étions en communion de pensée. Et c'est lui qui me conta l'incident tout récent que lui avait confié son ministre des PTT.

Une vague de xénophobie – fréquente en ce pays – sévissant brusquement, éliminait de tout emploi officiel les chrétiens.

La mesure alla frapper une jeune employée de bureau du Ministère, dont le modeste salaire faisait vivre une mère infirme et un frère aveugle. Sans préavis, elle devait quitter immédiatement son emploi. N'en parlant à personne, elle alla directement confier sa détresse à sainte Thérèse de l'Enfant-Jésus, dans l'église du Caire (il s'agit de la basilique de Choubrah) que les musulmans avaient largement contribué à construire, en reconnaissance des très nombreux miracles obtenus de la petite sainte en leur faveur.

En fin de matinée, elle revint au Ministère pour prendre ses affaires lorsqu'un huissier la prévint que le Ministre lui-même la demandait. Le Ministre ne lui avait jamais parlé, elle connaissait à peine son nom, aussi fut-elle très troublée par cet ordre. Tremblante, elle fut introduite près de lui, et de violents reproches s'abattirent sur elle.

« C'est vous, Mademoiselle X… ? Vous avez osé discuter une décision prise en m'envoyant quelqu'un qui plaide votre cause : vos mérites, votre discrétion, vos compétences, tout cela m'a été dit avec passion, en vue de me faire céder. Or, vous devriez savoir que je déteste les recommandations. Qu'avez-vous à répondre ? »

La pauvre fille, atterrée de cette violence, ne put que dire : « Monsieur le Ministre, je n'ai parlé à personne de mon renvoi. Je n'ai demandé à personne de me défendre. Je ne comprends pas ce que vous voulez dire. »

Et lui reprit : « Ne niez pas ! Votre envoyée était là, il y a une heure. Une belle jeune femme, grande, aux yeux verts ; elle portait un voile, une robe de bure marron et un manteau blanc, trop court. »

Alors, la fille sortit de sa poche une image de sainte Thérèse et la montra au Ministre :

« À celle-là seule, j'ai parlé… – Mais c'est elle que j'ai vue ! s'écria-t-il. – Peut-être, mais elle est morte le 30 septembre 1897, il y a 37 ans ! »

Le Ministre bondit alors dans son antichambre, interpellant les huissiers : « Vous avez laissé entrer chez moi, ce matin, une jeune femme et vous m'avez bien vu la reconduire jusqu'à la porte de sortie ? – Oui, Monsieur le Ministre, vous, nous vous avons vu, mais vous parliez tout seul. »

Voilà, j'ai raconté cette histoire vraie à Pierre Teilhard de Chardin qui en exultait de joie : « Mais bien sûr ! Le ciel est sur la terre », me disait-il.

« Les saints savent tout de nous. Ils nous aiment et nous aident. Par le Christ qui est avec nous jusqu'à la consommation des siècles. »

Exercer la charité

Il se trouve dans la communauté une sœur qui a le talent de me déplaire en toutes choses, ses manières, ses paroles, son caractère me semblaient très désagréables. Cependant c'est une sainte religieuse qui doit être très agréable au Bon Dieu, aussi ne voulant pas céder à l'antipathie naturelle que j'éprouvais, je me suis dit que la charité ne devait pas consister dans les sentiments mais dans les œuvres ; alors je me suis appliquée à faire pour cette sœur ce que j'aurais fait pour la personne que j'aime le plus. À chaque fois que je la rencontrais, je priais le Bon Dieu pour elle, Lui offrant toutes ses vertus et ses mérites. [...] Je ne me contentais pas de prier pour la sœur qui me donnait tant de combats, je tâchais de lui rendre tous les services possibles et quand j'avais la tentation de lui répondre d'une façon désagréable, je me contentais de lui faire mon plus aimable sourire et je tâchais de détourner la conversation. [...]

Souvent aussi, lorsque je n'étais pas à la récréation (je veux dire pendant les heures de travail), ayant quelques rapports d'emploi avec cette sœur, lorsque mes combats étaient trop violents, je m'enfuyais comme un déserteur. Comme elle ignorait absolument les motifs de ma conduite, elle demeure persuadée que son caractère m'est agréable. Un jour à la récréation, elle me dit à peu près ces paroles d'un air très content : « Voudriez-vous me dire, Sœur Thérèse de l'Enfant Jésus, ce qui vous attire tant vers moi, à chaque fois que vous me regardez, je vous vois sourire ? »

> Ah ! ce qui m'attirait c'était Jésus caché au fond de son âme...
>
> Thérèse de l'Enfant Jésus

8

Le coup de foudre du petit musulman

C'est au fin fond des montagnes de Kabylie (Algérie), qu'un petit musulman de 10 ans, Iba Zizen, fit, en 1910, la découverte de Thérèse. Cette rencontre sera déterminante, comme il le raconte dans son autobiographie. Nous en publions ici quelques épisodes qui nous ont été communiqués par Madame Ibazizen.

À l'occasion d'un service qu'il avait à demander – le prêt d'un livre – Iba Zizen fut conduit par un ami chez un missionnaire, qui le reçut dans sa petite chambre. Son regard fut subitement happé par un portrait suspendu au-dessus de la petite cheminée. Était-il celui d'une parente du prêtre ? De sa mère jeune, peut-être ?

Le prêtre s'empressa de répondre à sa question non formulée :

« C'est la petite sœur Thérèse de Lisieux, morte il y a une douzaine d'années comme une sainte ! »

Ces paroles ne représentaient rien pour lui, et cependant, elles s'ancraient dans son esprit. Le Père reprit :

« Une chrétienne aimant son Dieu au point de Lui faire don de sa jeunesse et de lui consacrer sa vie. Elle est morte à 24 ans dans un monastère, après une ardente recherche des vertus que Dieu peut souhaiter pour ses créatures. »

« Ce regard indescriptible, paraissant viser l'au-delà et m'entraînant dans sa direction, s'incrustait en moi, accompagné d'un irrésistible appel. J'avais l'impression de découvrir quelqu'un qui m'attendait pour me frayer la voie que je cherchais dans les brumes de mon enfance. »

Quelque temps plus tard, ce même ami, le premier chrétien du village, l'entraîne avec quelques camarades, à venir réciter chez lui le Notre-Père dont il disait qu'ayant un caractère universel, il pouvait être prononcé aussi bien par des musulmans que par des chrétiens.

Iba Zizen s'y rend, avec la ferme intention de saisir la première occasion pour éclater de rire.

« Il n'en fut rien. Je fus dompté ce soir-là par une évocation qui s'était faite derrière mes yeux mi-clos : le fameux portrait m'était apparu et semblait me susurrer : “Les mots que tu répètes, je les ai prononcés des milliers de fois avant toi !”

Ainsi le petit malin qui guettait un passage risible pour l'exploiter, s'était pris, par la grâce de quelqu'un d'invisible, à répéter pour la première fois de sa vie, d'un cœur déjà pénétré, la prière fondamentale du christianisme. »

Pendant la guerre de 1914, Iba Zizen s'engage dans les troupes françaises et est envoyé dans la région de Varenne. Lors de la traversée d'une forêt, il est pris sous les feux de l'ennemi.

« Le projectile se rapprochant à grande vitesse, nous nous précipitâmes à terre tous les trois au pied d'un arbre. Et dans la même fraction de seconde, il se passa ces deux choses : je vis dans un éclair le portrait de la petite sœur Thérèse de Lisieux, aux traits aussi précis que ceux qui m'avaient fasciné dans la cellule du religieux, tandis que l'obus percutait l'arbre contre lequel nous nous étions blottis.

Je restai recroquevillé et assommé je ne sais combien de temps, en attendant que tout s'apaisât autour de nous. Puis, je commençai à me redresser. Je sentis un poids sur mon épaule et une lourdeur à l'une de mes jambes. Serais-je donc blessé ? En me retournant, j'eus alors une vision de cauchemar… mes deux compagnons criblés d'éclats d'obus, et moi, sans une égratignure.

Comment étais-je sorti vivant de cet orage mortel entre deux corps allongés ? Qui donc m'avait protégé, et pourquoi l'avais-je été tandis que je me retrouvais rigoureusement au même fichu endroit où la mort était venue brutalement frapper…

Que voulait signifier le portrait subitement apparu au moment même de la déflagration ? »

Pour Iba Zizen, la réponse est claire : la guerre terminée, il se rend à Lisieux, sur la tombe de Thérèse.

« C'était en septembre 1920 ; sœur Thérèse n'avait pas encore été canonisée et ses restes reposaient dans l'ancien carré des carmélites au cimetière communal. Aucun enjolivement, aucun luxe, aucun objet attirant l'œil ne s'interposait entre le visiteur recueilli et le tertre surmonté d'une croix de bois délavée qui portait l'inscription devenue célèbre : "Thérèse Martin, sœur de l'Enfant-Jésus". Je la sentais accessible et proche, si proche qu'il m'était aisé de croire qu'elle m'avait effectivement protégé. »

Quelques années plus tard, Iba Zizen (il prendra alors le nom d'Augustin) reçoit le baptême. Toute sa vie, il gardera pour sainte Thérèse une dévotion toute particulière, se rendant chaque année à Lisieux, et conservant une fraîcheur et un abandon dans sa foi qui manifeste bien l'attention toute spéciale de Thérèse à l'égard de son protégé.

9

L'Acte d'offrande de sainte Thérèse

Ô mon Dieu ! Trinité Bienheureuse, je désire vous Aimer et vous faire Aimer, travailler à la glorification de la Sainte Église en sauvant les âmes qui sont sur la terre et délivrant celles qui souffrent dans le purgatoire. Je désire accomplir parfaitement votre volonté et arriver au degré de gloire que vous m'avez préparé dans votre royaume, en un mot, je désire être Sainte, mais je sens mon impuissance et je vous demande, ô mon Dieu ! d'être vous-même ma Sainteté.

Puisque vous m'avez aimée, jusqu'à me donner votre Fils unique pour être mon Sauveur et mon Époux, les trésors infinis de ses mérites sont à moi, je vous les offre avec bonheur, vous suppliant de ne me regarder qu'à travers la Face de Jésus et dans son Cœur brûlant d'Amour.

Je vous offre encore tous les mérites des Saints (qui sont au Ciel et sur la terre) leurs actes d'Amour et ceux des Saints Anges ; enfin je vous offre, ô Bienheureuse Trinité ! l'Amour et les mérites de la Sainte Vierge, ma Mère chérie, c'est à elle que j'abandonne mon offrande la priant de vous la présenter. Son Divin Fils, mon Époux Bien-Aimé, aux jours de sa vie mortelle nous a dit : « Tout ce que vous demanderez à mon Père en mon nom, Il vous le donnera ! » Je suis donc certaine que vous exaucerez mes désirs ; je le sais, ô mon Dieu ! plus vous voulez donner, plus vous faites désirer. Je sens en mon cœur des désirs immenses et c'est avec confiance que je vous demande de venir prendre possession de mon âme. Ah ! je ne puis recevoir la sainte Communion aussi souvent que je le désire, mais Seigneur, n'êtes-vous pas Tout-Puissant ? Restez en moi, comme au tabernacle, ne vous éloignez jamais de votre petite hostie…

Je voudrais vous consoler de l'ingratitude des méchants et je vous supplie de m'ôter la liberté de vous déplaire, si par faiblesse, je tombe quelquefois, qu'aussitôt votre Divin Regard purifie mon âme consumant toutes mes imperfections, comme le feu qui transforme toute chose en lui-même…

Je vous remercie, ô mon Dieu ! de toutes les grâces que vous m'avez accordées, en particulier de m'avoir fait passer par le creuset de la souffrance. C'est avec joie que je vous contemplerai au dernier jour portant le sceptre de la Croix ; puisque vous avez daigné me donner en partage cette Croix si précieuse, j'espère au Ciel vous ressembler et voir briller sur mon corps glorifié les sacrés stigmates de votre Passion…

Après l'exil de la terre, j'espère aller jouir de vous dans la Patrie, mais je ne veux pas amasser de mérites pour le Ciel, je veux travailler pour votre seul Amour, dans l'unique but de vous faire plaisir, de consoler votre Cœur Sacré et de sauver des âmes qui vous aimeront éternellement.

Au soir de cette vie, je paraîtrai devant vous les mains vides, car je ne vous demande pas, Seigneur, de compter mes œuvres. Toutes nos justices ont des taches à vos yeux. Je veux donc me revêtir de votre propre Justice, et recevoir de votre Amour la possession éternelle de Vous-même. Je ne veux point d'autre Trône et d'autre Couronne que Vous, ô mon Bien-Aimé !

À vos yeux le temps n'est rien, un seul jour est comme mille ans, vous pouvez donc en un instant me préparer à paraître devant vous.

Afin de vivre dans un acte de parfait Amour, je m'offre comme victime d'holocauste à votre Amour Miséricordieux, vous suppliant de me consumer sans cesse, laissant déborder en mon âme, les flots de tendresse infinie qui sont renfermés en vous et qu'ainsi je devienne Martyre de votre Amour, ô mon Dieu !...

Que ce Martyre après m'avoir préparée à paraître devant vous me fasse enfin mourir et que mon âme s'élance sans retard dans l'éternel embrassement de Votre Miséricordieux Amour...

Je veux, ô mon Bien Aimé, à chaque battement de mon cœur vous renouveler cette offrande un nombre infini de fois jusqu'à ce que les ombres s'étant évanouies, je puisse vous redire mon Amour dans un Face à Face Éternel !...

Marie, Françoise, Thérèse de l'Enfant-Jésus et de la Sainte Face, Fête de la Très Sainte Trinité, le 9 juin de l'an de grâce 1895

Jean Guitton

Le cahier de Thérèse a été le best-seller du vingtième siècle. Pourquoi ? Parce que Thérèse exprimait dans une langue simple, enfantine, géniale – c'est-à-dire ingénue – ce que tous les mystiques ont toujours dit, à savoir que l'amour était tout, et non pas la matière de l'amour, et qu'un seul acte d'amour pur accompli en silence valait plus que toutes les pratiques ascétiques. C'est cette primauté de l'amour qui s'exprime dans la formule Deus caritas est.

Thérèse de l'Enfant-Jésus est typiquement féminine : la spontanéité, la naïveté apparente, l'autorité cachée et pourtant impérieuse. Une femme est naturellement et surnaturellement ou pécheresse ou sainte, il n'y a pas de femme ordinaire. Thérèse ou le génie féminin...

Rome le 1er octobre 1994 Jean Guitton, Extrait du livre *Le Génie de Thérèse de Lisieux*, Éditions de l'Emmanuel.

10

S'offrir à l'Amour de Dieu

par Louis Sankalé[3]

9 juin 1895, au carmel de Lisieux. En ce dimanche de la Sainte Trinité, comme jamais auparavant, Thérèse entend l'appel de Jésus à « accepter son amour infini ». Pendant la Messe, elle se sent poussée à s'offrir en victime à l'Amour Miséricordieux. À peine sortie de la chapelle, accompagnée de Céline, elle demande donc à mère Agnès l'autorisation de faire cet Acte d'offrande. La prieure donne son accord sans plus y prêter attention. Thérèse rédige alors son Acte d'offrande.

Deux jours après, le mardi 11 juin, les deux sœurs, agenouillées devant la statue de la Vierge du sourire, s'offrent ensemble à l'Amour

3. NDE : aujourd'hui évêque du diocèse Nice.

Miséricordieux. C'est Thérèse qui prononce l'Acte en son nom et au nom de Céline.

Or, auprès de Thérèse, Céline représente un peu chacun de nous. Thérèse l'a eue comme novice, avec mission de la former. Dès lors, le fait que celle-ci se soit offerte en même temps que Thérèse, nous aide à comprendre que nous sommes invités à nous offrir, nous aussi. Par ailleurs, Thérèse n'a jamais fait mystère qu'elle voulait ouvrir « un grand nombre de petites âmes, une légion de petites victimes » aux épanchements de l'Amour (Ms B, 5 v°). Après Céline, Thérèse proposa l'Acte d'offrande à sa marraine, puis à sa cousine, aux autres novices, à ses deux frères spirituels, bref, à tous ceux qu'elle eut à accompagner d'une manière particulière.

C'est Lui qui nous a aimés le premier

Posons-nous donc la question : et nous, un siècle après ? Thérèse nous invite-t-elle, nous aussi, à nous offrir à l'Amour Miséricordieux, quels que soient notre âge ou notre état de vie ? Pour nous en convaincre, il suffira de relire l'Acte d'offrande lui-même[4].

4. Le texte intégral de l'Acte d'offrande se trouve au chapitre précédent.

« Mais, direz-vous, je n'y suis pas préparé, et je ne comprends pas très bien tous les mots de cette prière... » Céline non plus ne comprit pas tous les mots. Elle ne découvrit qu'ensuite, progressivement, la portée de l'offrande qu'elle avait faite, en la renouvelant souvent. D'ailleurs, serons-nous jamais très bien préparés à nous offrir à Dieu ? Si nous devons attendre d'être parfaitement prêts pour le faire, nous ne le ferons jamais. « Oui, direz-vous encore, mais tout le monde n'est pas carmélite ! » Certes, mais n'avons-nous pas en commun notre baptême ? Ne sommes-nous pas tous appelés à la sainteté, chacun selon son état ? Saint Paul dit que, baptisés dans le Christ, « nous appartenons au Seigneur » (Rm 14,8). En conséquence, nous offrir à Dieu, quelle que soit notre vocation spécifique, revient à Lui restituer ce qui n'aurait jamais dû cesser de Lui appartenir.

L'Acte d'offrande à l'Amour Miséricordieux est dans le droit fil de notre baptême. Le fait que Thérèse en ait eu l'inspiration le jour où l'on fêtait la Sainte Trinité n'est pas insignifiant à cet égard. Chaque année, pendant la veillée pascale, c'est « au Nom du

Père, du Fils et du Saint-Esprit», que les baptisés confessent leur appartenance au Christ. Chacun le fait selon l'appel qui est le sien. Un religieux le fera avec sa grâce de religieux, une personne mariée le fera avec sa grâce d'épouse ou d'époux, une personne célibataire avec la grâce qui est la sienne. Mais tous, nous avons en commun notre baptême. Celui-ci nous donne à Dieu qui «nous a aimés le premier» (1 Jn 4,19), Dieu qui est Amour, Amour Miséricordieux, souligne Thérèse.

Cette précision, chez elle, n'est pas sans importance, Thérèse veut s'offrir, non à la Justice – comme cela se pratiquait –, mais à l'Amour Miséricordieux. Cela apparaît dans cette conversation avec sa marraine : «Voulez-vous vous offrir en victime à l'Amour Miséricordieux du Bon Dieu ? lui demande Thérèse. – Bien sûr que non, s'écrie Marie du Sacré-Cœur. Le Bon Dieu me prendrait au mot et la souffrance me fait bien trop peur.» Écoutons bien la réponse de Thérèse, c'est à nous qu'elle s'adresse : «Je vous comprends bien, mais s'offrir à l'Amour ce n'est pas du tout la même chose que s'offrir à la justice. On ne souffre pas davantage. Il s'agit uniquement de mieux aimer Dieu pour ceux qui ne veulent pas L'aimer. »[5]

La « petite voie »

En lisant maintenant l'Acte d'offrande, demandons à Thérèse de nous former, nous aussi, et de nous faire « aimer Jésus à la folie » (Ms A, 82 v°).

« Ô mon Dieu, Trinité bienheureuse », Thérèse a eu l'inspiration de cette offrande le jour de la fête de la Trinité. Son sens inné de Dieu la conduit à Lui sans détour. « Je désire vous Aimer et vous faire Aimer. » Là aussi, Thérèse va à l'essentiel : amour pour amour. Chacun de ses trois manuscrits autobiographiques s'achève sur ce mot « amour ». Or pour elle, comme pour les Réformateurs du Carmel, le fait d'aimer implique un véritable travail[6] : « en travaillant à la glorification de la Sainte Église », précise-t-elle. Son offrande n'est pas une dévotion personnelle qui ne concernerait qu'elle. Elle est un travail pour l'Église, pour les membres de l'Église qui ont encore besoin que l'on travaille pour

5. Carnet de sœur Marie de l'Incarnation, 6/61934.
6. Voir Ap 12,2.

eux, qu'il s'agisse des « âmes qui sont sur la terre », ou de « celles qui souffrent dans le purgatoire », ce feu d'amour capable de venir à bout de toute tristesse. « Je désire accomplir parfaitement votre volonté et arriver au degré de gloire que vous m'avez préparé dans votre Royaume, en un mot, je désire être sainte mais je sens mon impuissance et je vous demande, ô mon Dieu ! d'être vous-même ma sainteté. » Nous avons là le mouvement fondamental de sa « petite voie » : grands désirs, impuissance, rebondissement dans l'espérance. Il faudrait aller plus loin, et dire que Thérèse ne reste jamais théorique. Chaque lumière, chez elle, entraîne une action : chaque fois qu'elle comprend quelque chose, elle le traduit en acte. On peut le vérifier à chaque étape de sa vie. Dans cette ligne, l'Acte d'offrande apparaît comme la traduction en acte de la « petite voie » que Thérèse vient de découvrir.

Au cœur de l'Église

Enfin j'avais trouvé le repos. Considérant le Corps mystique de l'Église, je ne m'étais reconnue dans aucun des membres décrits par saint Paul, ou plutôt, je voulais me reconnaître en tous… La charité me donna la clef de ma vocation. Je compris que l'Église avait un corps, composé de différents membres, le plus nécessaire, le plus noble de tous ne lui manquait pas, je compris que l'Église avait un Cœur et que ce Cœur brûlait d'amour. Je compris que l'amour seul faisait agir les membres de l'Église, que si l'amour venait à s'éteindre, les apôtres n'annonceraient plus l'Évangile, les martyrs refuseraient de verser leur sang… Je compris que l'Amour renfermait toutes les vocations, que l'Amour était tout, qu'il embrassait tous les temps et tous les lieux… en un mot qu'il est éternel !

Alors dans l'excès de ma joie délirante, je me suis écriée :

Ô Jésus, mon Amour, ma vocation, je l'ai enfin trouvée, ma vocation, c'est l'AMOUR !

Oui, j'ai trouvé ma place dans l'Église, et cette place, ô mon Dieu, c'est vous qui me l'avez donnée… Dans le Cœur de l'Église, ma mère, je serai l'amour… ainsi je serai tout… ainsi mon rêve sera réalisé !!! (MsB)

Thérèse de l'Enfant Jésus

Qui pourra combler les désirs illimités du cœur de l'homme

S'adressant maintenant au Père, Thérèse poursuit : « Puisque vous m'avez aimée, jusqu'à me donner votre Fils unique pour être mon Sauveur et mon Époux, les trésors infinis de ses mérites sont à moi, je vous les offre avec bonheur. » C'est non seulement Thérèse, mais chacun de nous, que le Père regarde « à travers la Face de Jésus et dans son Cœur brûlant d'Amour. » En nous voyant, Dieu reconnaît son Unique : « Voici mon fils, voici ma fille bien-aimée. » Ce « divin regard purifie mon âme », dira Thérèse un peu plus loin. Mais, pour l'heure, Thérèse associe l'Église du ciel (les « Saints » et les « Anges ») à son offrande, lui donnant ainsi sa dimension plénière. Et elle laisse à la Vierge – cette Vierge du sourire devant laquelle elle est agenouillée – le soin de la présenter à Dieu : « Enfin, je vous offre, ô Bienheureuse Trinité ! l'Amour et les mérites de la Sainte Vierge, ma Mère chérie, c'est à elle que j'abandonne mon offrande, la priant de vous la présenter. » Marie est donc présente dans l'Acte d'offrande de Thérèse. Elle y a une place analogue à celle qu'elle occupe dans l'Évangile ou dans le Credo : à la fois discrète et féconde. Sa mention tient peu de place, mais elle est source de vie car elle nous conduit immédiatement à Jésus ! « Son divin Fils, mon Époux Bien-Aimé, au jour de sa vie mortelle nous a dit : "Tout ce que vous demanderez à mon Père en mon nom, Il vous le donnera !" Je suis donc certaine que vous exaucerez mes désirs ; je le sais ô mon Dieu ! plus vous voulez donner, plus vous faites désirer. »

« Je sens dans mon cœur des désirs immenses. » Thérèse avait écrit des désirs « infinis », mais le Père Lemmonier, consulté par mère Agnès, trouva la formule trop audacieuse. Docilement, Thérèse écrivit donc « immenses ». Moins d'un siècle après, le Concile Vatican II, dans un texte qui aurait beaucoup plu à la petite sainte, affirmera que l'homme est « illimité dans ses désirs »[7].

Les mains vides

Du côté de Thérèse, donc, un désir. Et du côté de Dieu ? Une emprise. « C'est

7. Gaudium et spes, 10.

avec confiance, poursuit-elle, que je vous demande de venir prendre possession de mon âme. » Elle sera exaucée à la lettre, puisque Marie du Sacré-Cœur lui écrira bientôt : « Vous êtes possédée par le Bon Dieu ! »[8]

Puis, à nouveau, nous rencontrons l'élan de la « petite voie ». Une fois de plus, il y a, au départ, un désir qui semble irrémédiablement contrarié : « Je ne puis recevoir la Sainte Communion aussi souvent que je le désire. » Au lieu d'en rester là, Thérèse déclenche le processus de la confiance : « mais [les « mais » de Thérèse !], Seigneur, n'êtes-vous pas Tout-Puissant ? », et elle rebondit encore plus haut : « restez en moi comme au tabernacle, ne vous éloignez jamais de votre petite hostie. » Thérèse rejoint là ceux qui, pour une raison ou pour une autre, ne peuvent pas communier aussi souvent qu'ils le voudraient.

Thérèse utilise ensuite l'image du feu, si fréquente chez saint Jean de la Croix. De même que « le feu transforme toute chose en lui-même », ainsi l'amour de Dieu nous

8. Lettre du 17 septembre 1896.

transforme en lui-même. Dieu est un feu d'amour transformant. Nous offrir à cet Amour, c'est nous laisser sanctifier, purifier, façonner à sa ressemblance. Encore faut-il, pour que cette transformation puisse se faire en profondeur, que le bois ait d'abord «pleuré toute sa sève»[9]. Thérèse est bien placée pour le savoir. Elle est passée «par le creuset de la souffrance». Quand elle écrit cela, Thérèse a donc déjà affronté la souffrance, elle s'y est heurtée au quotidien, surtout avec la maladie de son père. Mais elle n'a pas eu ses premières hémoptysies, et l'épreuve de la foi n'a pas encore altéré l'idée qu'elle se fait du ciel: «Après l'exil de cette terre, poursuit-elle, j'espère aller jouir de vous dans la patrie.» C'est la vertu d'espérance qui s'exprime là.

Revenant un instant sur le «travail» qu'elle avait évoqué au début de l'Acte d'offrande, Thérèse nous livre maintenant une clé importante: «Je veux travailler pour votre seul amour, dans l'unique but de vous faire plaisir.» L'expression «faire plaisir à Jésus» revient très fréquemment sous la plume de

9. Saint Jean de la Croix, *La vive flamme d'amour*, strophe 2.

Thérèse. Et comment parviendra-t-elle à Lui faire plaisir ? En se présentant à Lui « les mains vides ». Tout à l'heure, Thérèse voulait être hostie ; maintenant elle est calice, un calice vide que l'Amour pourra remplir de sa Miséricorde. Dieu ne nous demande pas en premier lieu de Lui offrir nos réussites. Il attend surtout de nous que nous soyons devant Lui comme un cœur qu'Il puisse remplir de son Amour, c'est-à-dire un cœur désencombré de tout ce qui l'empêche encore de l'envahir totalement.

Nous sommes parfois tentés de nous décourager. Eh bien non ! Rebondissons avec Thérèse : « en un instant », Jésus peut faire ce que nous n'avons pas réussi à faire pendant des années d'effort. Pour lui, « un seul jour est comme mille ans ». Ici, Thérèse parle comme le prophète Joël : « Je vous revaudrai les années qu'ont dévorées la sauterelle et le yélek » (Jl 2,25). Il n'est donc jamais trop tard.

Un acte de parfait amour

Voici maintenant le texte central de l'offrande de Thérèse : « Afin de vivre dans un acte de parfait Amour, je m'offre comme victime d'holocauste à votre Amour

Miséricordieux, vous suppliant de me consumer sans cesse, laissant déborder en mon âme, les flots de tendresse infinie qui sont renfermés en vous et qu'ainsi je devienne Martyre de votre Amour, ô mon Dieu !… »

Nous sommes là au cœur de l'Acte d'offrande. C'est un Acte que nous sommes tous invités à faire. Il consiste à dire à Jésus : « Ta joie est de m'aimer, au-delà de ce que je peux mériter ou comprendre de ton Amour, alors ne te gêne pas ! Voici mon cœur. Mets en lui tout l'Amour que tu veux y mettre ! » Les mots « victime » et « holocauste » sont, pour notre siècle, cruellement évocateurs. Pour Thérèse, ces mots empruntés à la Bible n'expriment qu'une chose : le caractère absolu de l'offrande qu'elle fait d'elle-même à l'Amour infini de Dieu.

Rien de morbide non plus chez Thérèse, lorsqu'elle écrit : « Que ce martyre après m'avoir préparée à paraître devant vous, me fasse enfin mourir et que mon âme s'élance sans retard dans l'éternel embrassement de votre miséricordieux amour. » Ce qu'elle veut, c'est rencontrer Jésus, être toute à Lui. Il faut le répéter : l'Acte d'offrande, c'est notre baptême, rien que notre baptême, tout notre baptême. Ce qui est donc en jeu, dans l'Acte d'offrande, au-delà des mots et des formules, bien sûr[10], c'est notre vocation chrétienne, dans l'état de vie qui est le nôtre. Notre baptême a la même source que celui de Thérèse[11]. Par le souffle qui l'anime et la grâce prophétique dont il est porteur, l'Acte d'offrande de Thérèse entretient en ceux qui le disent la confiance et l'amour des « vrais enfants de Dieu » (Rm 8,14). Par son inspiration à la fois trinitaire et christologique, par son dynamisme baptismal, il est capable de rejoindre : nos expériences personnelles les plus diverses. Au terme d'une préparation qui peut se faire seul, en famille ou même en paroisse[12], nous pouvons le faire nôtre, au

10. N'oublions pas que lorsque Thérèse s'offrit intérieurement à l'Amour Miséricordieux, pendant la Messe du 9 juin 1895, elle le fit brièvement, sans avoir sous les yeux le texte dont nous disposons aujourd'hui : elle ne le rédigea qu'ensuite, afin qu'il puisse être dit aussi par d'autres.

11. Pour autant, saint Jean de la Croix nous recommande de ne pas copier les saints (Maxime 79). Imitons-les plutôt. Prenons modèle sur eux pour nous livrer comme ils le firent à l'Esprit Saint, qui nous sanctifiera autrement qu'il le fit pour eux, car il ne se répète jamais. C'est très précisément ce que nous sommes invités à faire en nous offrant à l'Amour Miséricordieux avec Thérèse.

12. Voir Louis Sankalé, *Thérèse, dis-nous ton secret*, Le Sarment-Fayard, col. Paroles de lumière, 1992, p. 187 *sqq*.

moins dans son esprit, quelle que soit notre situation du moment, sans faire violence à notre grâce propre, en laissant au Seigneur le soin de nous guider comme Il l'entend. Le jour même de sa mort, Thérèse murmura : « Je ne me repens pas de m'être livrée à l'amour. » Et Marie du Sacré-Cœur, celle qui, tout à l'heure encore, hésitait à faire l'Acte d'offrande, avouera longtemps après (car elle vécut très longtemps) : « Thérèse était si éloquente que je me suis laissée gagner, et je ne m'en repens pas, moi non plus ! »[13]

THÉRÈSE, DOCTEUR DE L'AMOUR, UN GUIDE POUR LE TROISIÈME MILLÉNAIRE

Jean-Paul II, extraits de l'homélie du 19 octobre 1997

Parmi les docteurs de l'Église, Thérèse est la plus jeune, mais son itinéraire spirituel montre tant de maturité et les intuitions de la foi exprimée dans ses écrits sont si vastes et si profondes qu'ils lui méritent de prendre place parmi les plus grands maîtres spirituels. Comment ne pas rappeler ce que l'on peut

13. Sœur Marie de l'Incarnation, *op. cit.*

en considérer comme le sommet, à partir de la découverte bouleversante qu'elle fit de sa vocation.

« La charité, écrit-elle, me donnera la clé de ma vocation. Je compris que si l'Église avait un corps composé de différents membres, le plus noble de tous ne lui manquait pas, je compris que l'Église avait un cœur, et que ce cœur était brûlant d'Amour. Je compris que l'Amour seul faisait agir les membres de l'Église, que si l'Amour venait à s'éteindre les apôtres n'annonceraient plus l'Évangile, les martyrs refuseraient de verser leur sang... Je compris que l'Amour renfermait toutes les vocations... Alors, dans l'accès de ma joie délirante, je me suis écrié : ma vocation enfin je l'ai trouvée, ma vocation, c'est l'Amour ! »

Thérèse de Lisieux n'a pas seulement saisi et décrit la vérité profonde de l'Amour comme le centre et le cœur de l'Église, mais elle l'a vécu intensément dans sa brève existence. C'est justement cette convergence entre la doctrine et l'expérience concrète, entre la vérité et la vie, entre l'enseignement et la pratique qui en fait un modèle attrayant, spécialement pour les jeunes et pour ceux qui sont à la recherche du vrai sens à donner à leur vie.

Devant le vide de tant de mots, Thérèse présente une autre solution, l'unique parole du salut qui, compris et vécu dans le silence, devient une source de vie renouvelée. À une culture rationaliste et trop souvent envahie par un matérialisme provocant, elle oppose, avec une désarmante simplicité, « la petite voie » qui conduit au secret de toute existence : l'Amour du divin qui enveloppe et pénètre toute l'aventure humaine. En un temps comme le nôtre, marqué bien souvent par la culture de l'éphémère et de l'hédonisme, ce nouveau docteur de l'Église se montre doué d'une singulière efficacité pour éclairer l'esprit et le cœur de ceux qui ont soif de Vérité et d'Amour. Sainte Thérèse est présentée comme Docteur de l'Église le jour où nous célébrons la Journée Mondiale des Missions. Elle eut l'ardent désir de se consacrer à l'annonce de l'Évangile et elle aurait voulu couronner son témoignage par le sacrifice suprême du martyre (cf. B 3r°). On sait aussi avec quel intense engagement personnel elle soutint le travail apostolique des pères Maurice Berllière et Adolphe Roulland… Dans son amour pour l'évangélisation, Thérèse avait un seul idéal, comme elle le dit elle-même : « Ce que nous demandons, c'est de travailler pour sa gloire, c'est de l'aimer et de le faire aimer » (Lettre 220). Le chemin qu'elle a parcouru n'est pas celui des grandes entreprises réservées au petit nombre, mais c'est au contraire une voie à la portée de tous, la « petite voie », chemin de la confiance et de la remise totale de soi-même à la grâce du Seigneur. Ce n'est pas une voie à banaliser, comme si elle était moins exigeante, elle est en réalité exigeante, comme l'est toujours l'Évangile. Mais c'est une voie où l'on est pénétré du sens de l'abandon, confiant à la miséricorde divine qui rend léger même l'engagement spirituel le plus rigoureux.

Par cette voie, où elle reçoit tout comme « grâce », par le fait qu'elle met au centre de tout son rapport avec le Christ et son choix de l'Amour, par le but qu'elle donne aussi aux élans du cœur dans son itinéraire spirituel, Thérèse de Lisieux est une sainte qui reste jeune et elle se propose comme un modèle éminent et un guide sur la route des chrétiens pour notre temps, qui arrive au troisième millénaire.

Table

Cet ouvrage a été composé
par Atlant'Communication
au Bernard (Vendée).

numérique

Impression & brochage - France
Numéro d'impression : N11925150905 - Achevé d'imprimer : Septembre 2015

IMPRIM'VERT®

Dépôt légal : 3e trimestre 2012